Les Mammifères

et leur habitat

Archambault
6 2012
$12.95

Les Mammifères
et leur habitat

Plaines

Plus de 25 % de l'ensemble des zones végétales de notre planète sont recouverts d'herbe. La caractéristique de ces vastes paysages dégagés est le manque d'arbres et la dominance des graminées. Ces plantes sont si peu exigeantes qu'il leur suffit d'une chose pour pousser : la lumière. Là où il n'y a pas assez de lumière, il n'y a pas de graminées. En retour, elles supportent la sécheresse et les inondations, le soleil brûlant et les incendies périodiques. Même les dents des millions de bêtes affamées ne peuvent pas leur nuire, parce qu'elles n'atteignent pas les racines qui se trouvent sous terre. Selon les régions, les territoires couverts d'herbe portent des noms différents.

Comment le lièvre échappe-t-il à ses ennemis ?

Si un ennemi s'approche du lièvre aplati sur le sol, celui-ci bondit brusquement et se sauve, pouvant atteindre 80 km/h. Les voies d'eau et les clôtures ne sont pas des obstacles, car les lièvres savent nager et grimper. De plus, le lièvre déconcerte l'ennemi parce qu'il fait des crochets, c'est-à-dire qu'il peut changer tout à coup de direction dans sa course.

Qu'est-ce qu'un gîte ?

C'est le nom du refuge du lièvre, un trou qu'il a creusé dans la terre. Il s'aplatit à l'intérieur et, grâce à la couleur de sa fourrure, il est difficile pour un prédateur de le repérer. Comme il se positionne la plupart du temps face au vent, il flaire les ennemis qui s'approchent.

De quoi se nourrit le lièvre ?

Il mange des herbes, des fruits, des champignons, des bourgeons et des racines, mais s'attaque aussi à de petits animaux, voire à des charognes. En hiver, il décortique l'écorce des buissons et des arbres.

Quelle est la différence entre le lièvre et le lapin ?

Alors que le lièvre vit en surface et en solitaire, le lapin creuse un réseau souterrain avec de nombreuses galeries dans lesquelles il vit avec ses congénères. Les lièvres sont aussi nettement plus gros que les lapins et ils ont de plus longues oreilles et de plus longues pattes.

Le lièvre se dresse sur ses pattes arrière pour guetter l'ennemi dans les environs.

Sous le regard vigilant de quelques lapins, le reste du groupe peut manger sans danger.

Pourquoi dit-on que les lapins sont des animaux sociables ?

Les lapins ne vivent jamais seuls, mais toujours en colonie avec beaucoup d'autres congénères. Entre eux, les animaux ont souvent un contact physique. Ils occupent aussi leurs terriers à plusieurs. Il existe une hiérarchie stricte entre les membres du terrier.

Les rats-taupes sont-ils vraiment aveugles ?

Les rats-taupes, ou spalax, sont des rongeurs qui vivent sous terre comme les taupes. Là, ils n'ont pas besoin d'yeux. Ceux-ci ont la taille d'une graine de pavot et se situent, inutiles, sous la peau. Pour s'orienter, les rats-taupes ont sur la tête, entre le nez et les yeux, une rangée de poils tactiles blanchâtres.

Pourquoi les mulots sylvestres s'appellent-ils aussi souris sauteuses ?

Les renards, martres et chouettes sont parmi les principaux ennemis du mulot. Si un rat des champs s'aperçoit qu'un ennemi le poursuit, il parvient souvent à faire de grands bonds pour se mettre à l'abri et saute alors seulement sur ses pattes arrière.

Comment vivent les souris glaneuses ?

L'habitat des souris glaneuses s'étend du sud-est de l'Europe jusqu'à la Volga : en Europe centrale, on peut les rencontrer près du lac de Neusiedl. Dans leur système souterrain aux nombreux embranchements, plusieurs galeries conduisent vers le haut dans une réserve qui, de l'extérieur, ressemble à une taupinière. Cette souris rassemble des provisions pour l'hiver, la plupart du temps des brins d'herbe glanés avec les dents – d'où son nom – qu'elle empile en tas et recouvre d'une couche de terre. On a déjà découvert des réserves de dix kilos.

Quelle est la particularité du mulot ?

Il a les dos brun roux et le ventre clair. Le long de la colonne vertébrale s'étend une raie foncée où l'on croirait que la fourrure a été brûlée. Les mulots sont de véritables souris avec de grands yeux, de grandes oreilles et une longue queue.

Les campagnols sont souvent très nombreux à occuper un réseau de galeries étendu qu'ils construisent juste au-dessous de la surface du sol.

Qu'est-ce que les campagnols ?

Ce sont de petits rongeurs au corps trapu et à la queue courte, avec un museau aplati, des petits yeux et des petites oreilles. Ils doivent leur nom à leur manière de vivre enfouis sous la terre.

Pourquoi les forestiers n'aiment-ils pas les campagnols ?

Les rats fouisseurs, ou campagnols, se nourrissent surtout de graminées, de graines, d'herbes, de racines et, parfois, de charognes. En hiver, ils rongent souvent l'écorce de jeunes arbres et buissons qui peuvent en mourir. Ils peuvent provoquer de gros dommages dans les cultures forestières.

Où vit le campagnol des champs ?

C'est l'espèce de rongeurs fouisseurs la plus courante d'Europe centrale. Son habitat s'étend de l'Europe centrale et du Sud jusqu'en Asie Mineure et centrale, à l'est jusqu'à la plaine sibérienne. Elle occupe les prairies, les pâturages et les champs. Dans les Alpes, on rencontre encore ce rongeur d'environ 10 centimètres à 2 400 mètres d'altitude.

Combien de petits peut avoir une femelle ?

Au bout de 20 jours de gestation, une femelle peut mettre bas deux à dix petits et avoir de trois à six portées par an. À trois semaines, les petits campagnols sont déjà autonomes, et les jeunes femelles peuvent avoir des petits dès l'âge de 12 jours environ 1000 descendants par an.

Comment identifier les traces du campagnol ?

Au sillon laissé par sa courte queue uniquement sur une couche épaisse de neige poudreuse. Et le campagnol construit ses galeries juste au-dessous de la surface du sol.

À côté du rat musqué venu d'Amérique du Nord, le grand campagnol est notre plus grand rongeur fouisseur.

Quelle est la différence entre un campagnol terrestre et un rat d'eau ?

Les campagnols terrestres ont une grande faculté d'adaptation et, selon l'espace, ils peuvent vivre de deux manières différentes : l'une de type fouisseur (campagnol terrestre) et l'autre vivant au bord de l'eau (rat d'eau). Le fouisseur met en place un réseau étendu de galeries souterraines et le rat d'eau vit près des cours d'eau ; il sait nager et plonger. Les deux formes se différencient par la position des dents de la mâchoire supérieure : la forme aquatique possède des dents verticales et non orientées vers l'avant.

Comme chez beaucoup de rongeurs fouisseurs, il y a chez les campagnols des champs une augmentation cyclique de population. Tous les trois à quatre ans, leur nombre augmente fortement. Par manque de nourriture, de tensions provoquées par trop de congénères et d'ennemis, leur nombre chute radicalement en peu de temps. Mais trois à quatre années après, il se rétablit. Nombre de prédateurs se nourrissent à presque 90 % de campagnols. Leur nombre varie en fonction de celui de leur proie.

Quelle est la différence entre les terriers de la taupe et ceux du campagnol terrestre ?

Quand elle creuse ses galeries, la taupe projette la terre vers le haut avec sa tête et ses pattes, ce qui crée une taupinière à la surface. Dans les monticules, on ne voit jamais d'entrée vers les galeries. Les monticules produits par le campagnol terrestre sont la plupart du temps plus plats et plus longs, et la terre est mélangée avec de l'herbe. L'entrée se trouve toujours à côté.

Comment se comporte un hamster d'Europe en danger ?

Le grand hamster ne mesure que 30 centimètres environ de la tête à la queue, mais il sait se défendre. Si un ennemi l'attaque, une buse par exemple, il se dresse, menaçant, sur ses pattes arrière et gonfle ses bajoues, ce qui le fait paraître plus gros. De plus, il gronde et crache rageusement. Quand il est serré de près, le hamster se précipite sur l'ennemi et il peut le blesser grièvement avec ses incisives.

Pourquoi le hamster d'Europe a-t-il un ventre foncé ?

La plupart des animaux ont un ventre de couleur plus claire ou identique à celle du dos. Chez le hamster d'Europe, c'est différent. Pour un ennemi qui vient du ciel, il est difficile à distinguer avec sa fourrure tachée de gris roux ou gris brun. Quand il se redresse pour attaquer et présente son ventre foncé, la plupart des prédateurs sont d'abord effrayés. Le hamster peut profiter de cet instant pour s'enfuir.

Dressé sur ses pattes arrière, le hamster montre son ventre foncé.

Les musaraignes mangent par jour souvent plus que leur propre poids. Sans nourriture, elles ne survivent que quelques heures.

Qui est l'architecte parmi les souris ?

La souris naine bâtit dans les roseaux, dans l'herbe ou dans les céréales son joli nid en boule qui peut se trouver jusqu'à un mètre de hauteur. Elle fend les feuilles des plantes porteuses et les entrelace pour former une boule. Comme les feuilles restent attachées à la plante, le nid est encore vert au début. La souris naine rembourre la boule à l'aide de feuilles et d'herbes fines. Les nids pour les petits n'ont qu'une entrée, les nids pour dormir en ont deux.

Comment la souris naine peut-elle grimper ?

Elles vit la plupart du temps dans des prairies couvertes de hautes herbes, humides, de joncs ou de roseaux. Pour y grimper, à la recherche de nourriture par exemple, elle utilise habilement sa queue pour s'accrocher. Elle redescend en enroulant sa queue autour de la tige, ce qui lui assure un soutien supplémentaire.

Comment la taupe avance-t-elle sous la terre ?

Ses pattes avant ont la forme de larges pelles avec lesquelles elle rejette la terre vers l'arrière, comme dans la brasse papillon. Du fait que les poils de sa fourrure ne poussent pas dans une direction particulière, elle peut se glisser dans ses galeries en avant et en arrière.

Quelle est la particularité des musaraignes ?

Les musaraignes, les musaraignes carrelets par exemple, ont un museau en forme de groin allongé et pointu constitué par la lèvre supérieure et le nez. L'ouverture de la bouche se trouve au-dessous du « groin ». Dans la bouche, les incisives portent vers l'avant et servent de pince.

Il arrive que la souris naine, le plus petit rongeur d'Europe, colonise aussi des champs de céréales.

Les sousliks sont apparentés aux marmottes. Comme elles, ils ont des sentinelles qui, en cas de danger, avertissent leurs voisins en sifflant fort.

Que font les sousliks en hiver ?

Les sousliks passent la saison froide à dormir dans leur terrier qui peut se trouver jusqu'à un mètre et demi de profondeur. Auparavant, ils se sont aménagé un nid douillet avec de l'herbe dont ils bouchent l'entrée avec de la terre. Pendant leur sommeil, ils vivent de la couche de graisse d'environ 130 grammes qu'ils ont accumulée pendant l'été. Ils n'entassent pas de réserves de nourriture.

Comment les souris sauteuses des champs se mettent-elles en sécurité ?

Leurs pieds allongés leur permet d'avancer en sautant. Normalement, elles marchent sur leurs quatre pattes. Si elles sont attaquées ou si elles doivent traverser une grande zone sans végétation pour les protéger, elles peuvent faire des bonds d'un mètre uniquement sur les pattes arrière. Leur longue queue les aide à garder l'équilibre.

Pourquoi dit-on que le putois sent mauvais ?

S'il est menacé par un ennemi, renard ou grand duc, le putois dégage une sécrétion malodorante par des glandes spéciales de son arrière-train. Cela lui permet aussi de délimiter de son territoire.

Le putois, animal nocturne, marque son territoire de plusieurs kilomètres carrés en laissant son odeur derrière lui.

Quel carnivore peut passer à travers une alliance ?

On définit ainsi la capacité de la belette qui chasse les rongeurs fouisseurs, sa proie principale, à pouvoir pénétrer dans les galeries les plus étroites. Actuellement, la belette est le plus petit carnivore vivant.

D'où vient l'expression « vif comme une belette » ?

Quand elles poursuivent une proie, les belettes peuvent atteindre 30 kilomètres/heure. Si l'on fait la conversion, elles peuvent parcourir 100 mètres en 12 secondes. C'est grâce à leur colonne vertébrale extrêmement souple, qui leur permet aussi de sauter jusqu'à un mètre de hauteur.

Comment le sconse se défend-il ?

Lorsqu'il est attaqué, le sconse présente son arrière-train à l'ennemi, il lève la queue et lui projette en pleine face un liquide qui sent extrêmement mauvais. Si les yeux sont touchés, l'agresseur peut être aveuglé pendant un moment.

Les sconses se défendent avec des armes chimiques : une sécrétion à l'odeur répugnante issue de leurs glandes anales.

Pourquoi les sconses ont-ils une couleur aussi spectaculaire ?

La fourrure noir et blanc et la queue touffue font office d'avertissement pour faire remarquer à leurs agresseurs que les sconses savent se défendre.

Qu'est-ce que l'incubation ?

Les hermines s'accouplent au printemps, entre avril et juin. Mais les petits ne viennent au monde qu'environ dix mois plus tard. Cette longue gestation est due au fait qu'une phase de repos, l'incubation, est intervenue dans le développement des embryons. C'est seulement ensuite que l'embryon s'implante dans la matrice et se développe.

Quel chevreuil ne porte pas de bois ?

Le chevreuil d'eau chinois. Au lieu de bois, il a pour se défendre des canines hypertrophiées à la mâchoire supérieure, visibles même quand il a la bouche fermée. L'espèce vit au nord-est de la Chine et en Corée. En Europe, elle a été implantée dans un parc à l'est de l'Angleterre.

Pourquoi le chevreuil d'eau a-t-il besoin de crocs ?

Les canines supérieures en forme de sabres qui sortent de son museau peuvent atteindre 8 cm de long. Ces armes dangereuses des mâles sont utilisées surtout contre des rivaux. Très attachés à leur territoire, les mâles ne tolèrent que des femelles dans leur entourage. Un rival est aussitôt chassé ou attaqué. Les adversaires essaient de se blesser mutuellement à la tête ou au cou par des mouvements de tête de haut en bas. Les blessures peuvent être très profondes. Si un mâle se trouve en situation d'infériorité, il le manifeste par un geste d'humilité : il pose sa en posant la tête et le cou à plat sur le sol.

Le chevreuil d'eau chinois est le seul cervidé dépourvu de bois.

La caractéristique des zèbres est leur motif rayé. Aucun animal ne ressemble à l'autre. Leur motif leur permet de se reconnaître.

Combien la girafe a-t-elle de vertèbres cervicales ?

Avec une taille qui peut atteindre 5 mètres, les girafes sont les plus hauts mammifères terrestres. Leur cou seul mesure près de 2 mètres. Mais, comme les autres mammifères, elles ne possèdent que sept vertèbres cervicales, qui sont fortement rallongées.

La girafe est-elle nidifuge ?

Quand les animaux nidifuges viennent au monde, ils sont déjà relativement très développés et doivent en peu de temps rejoindre le groupe avec leur mère. C'est exactement le cas du girafon : 20 minutes après sa naissance, il peut déjà se tenir debout et il est allaité pour la première fois par sa mère une heure plus tard.

Comment se battent les zèbres mâles ?

Au début, les rivaux tournent autour l'un de l'autre et essaient de se mordre les jarrets. Pour éviter d'être mordus, les zèbres s'agenouillent ou bondissent dans tous les sens. À cette « lutte en rond » peut succéder une lutte au cou, pendant laquelle chaque mâle veut faire baisser la tête de l'ennemi avec son cou. Finalement, tous les deux se dressent sur leurs pattes arrière et s'attaquent avec les sabots de devant et des morsures ciblées. Le vainqueur est celui qui a fait perdre l'équilibre à son adversaire.

Grâce à son long cou, la girafe échappe à la concurrence des autres herbivores, car elle peut brouter les feuilles tendres des hauts acacias.

Pourquoi les zèbres, les gnous et les petites gazelles ne sont-ils pas en concurrence ?

Bien qu'ils partagent un même espace, ils parviennent à cohabiter parce qu'ils ne mangent pas la même chose. Les zèbres peuvent consommer des herbes dures, car leurs mâchoires supérieure et inférieure portent des dents. Les gnous mangent se nourrissent de plantes feuillues. Les pousses tendres sur le sol sont réservées aux petites gazelles.

Chez quelles antilopes existe-t-il une arène d'accouplement ?

Chez certaines antilopes des marais et antilopes d'eau, comme les pukus, les mâles possèdent de petits espace de rut, appelés arènes, qu'ils ont d'abord conquis lors de combats ritualisés, c'est-à-dire non sanglants. Les femelles traversent ces arènes, sont courtisées par le propriétaire du moment et s'accouplent avec lui après un rituel complexe.

À quoi servent les bonds des gazelles de Thomson ?

Dès que les gazelles aperçoivent un ennemi, elles sautent en l'air avec les quatre pattes tendues en même temps. Probablement veulent-elles avertir ainsi les membres du groupe et faire comprendre à l'ennemi qu'il est découvert. De plus, elles se montrent de cette manière beaucoup trop agiles pour une attaque potentielle.

Pour ne pas être en concurrence à propos de la nourriture, les zèbres, les gnous et les gazelles se sont réparti les plantes.

Pendant la période sèche, les gnous doivent parfois parcourir 50 kilomètres avant de pouvoir atteindre un point d'eau.

Pourquoi les gnous migrent-ils ?

Ils vivent essentiellement d'herbes courtes dont la croissance varie au rythme des saisons de pluie et de sécheresse. Ils se déplacent donc parfois très loin, vers des zones où la pluie fait poussier de l'herbe fraîche. Ils forment souvent des troupeaux gigantesques. En traversant des cours d'eau, il arrive que les troupeaux soient pris de panique, et il n'est pas rare que des centaines de gnous soient alors piétinés et se noient.

Comment les herbivores digèrent-ils leur nourriture ?

Pendant la digestion de leur nourriture, tous les herbivores comme les ongulés sont aidés par des bactéries. Celles-ci décomposent la cellulose dont sont constituées les cellules des plantes en éléments plus petits que les animaux peuvent digérer. Ces bactéries vivent dans la panse ou le bonnet (second estomac) des ruminants comme les bœufs, les antilopes ou les cerfs.

Qu'est-ce qui différencie les élans du Cap des autres cervidés ?

Chez les élans du Cap (chez le bongo également), les deux sexes portent des cornes, contrairement aux autres cervidés, comme le grand coudou. Les femelles défendent ainsi leurs petits. Plusieurs femelles ensemble peuvent mettre en fuite un guépard ou un léopard.

Pourquoi les topis se tiennent-ils sur des termitières ?

Pour se reposer, plus ou moins immobiles pendant des heures. De plus, sur un tel monticule, ils ont une bonne vue panoramique et peuvent contrôler les environs. C'est également une façon pour le mâle de montrer son droit de propriété sur un territoire déterminé. On pense aussi que les animaux trouvent là un peu d'air frais.

Comment le mâle topi marque-t-il son territoire ?

Le mâle dépose volontairement ses excréments sur les limites de son territoire. Il répand en outre une sécrétion issue de glandes orbitales en se baissant sur ses pattes avant et en fouillant avec ses cornes dans le sol humide.

Comment l'hippotrague noir se défend-il ?

Les hippotragues noirs vivent en troupeaux restreints de femelles et mâles jeunes conduits par un mâle fort qui surveille la horde quand elle broute. Si un ennemi s'approche, il le chasse, le plus souvent avec l'aide de deux ou trois jeunes mâles. Cela fait gagner du temps à la horde qui peut s'échapper.

Comment les impalas s'accouplent-ils ?

Au début de la période d'accouplement, un mâle sédentaire rassemble un groupe de femelles autour de lui. À l'odeur de son urine, il sait si l'une des jeunes femelles est prête à s'accoupler. Puis il la pourchasse. Succède une pariade où le mâle court à quelque distance derrière la jeune femelle et fait mine de lécher l'air avec sa langue. Si la femelle est prête, elle le laisse s'approcher et, après qu'il lui a léché l'arrière-train, elle le laisse la monter.

D'où vient l'autre nom des impalas ?

D'après la touffe de poils noirs sur les chevilles, les impalas s'appellent aussi antilopes à talon noir, marque plus visible chez les impalas qui s'enfuient à grands bonds. Des glandes situées à cet endroit leur permettent de sécréter une odeur que la troupe ne tarde pas à suivre.

Les impalas sont sédentaires. Le chef de la horde chasse sauvagement un rival de son territoire.

De nombreuses espèces d'antilopes transhument pour trouver des pâturages.

Quelle est la fonction de la trompe des éléphants ?

La longue trompe musculeuse des éléphants correspond à notre nez. Elle permet aux géants gris de barrir, de respirer, de sentir, de boire, d'attraper de la nourriture comme une touffe d'herbes ou des feuilles et de se la mettre dans la bouche, ainsi que de frapper l'adversaire lors d'un combat.

Lorsqu'ils boivent, les éléphants peuvent recueillir avec leur trompe 15 litres d'eau à la fois.

Comment les éléphants communiquent-ils à de grandes distances ?

Les éléphants peuvent appeler des congénères qui sont très éloignés (jusqu'à 100 kilomètres). Ils n'emploient pas ici le célèbre barrissement très bruyant, mais un infrason que nous ne pouvons pas entendre car il est plus bas que notre registre sonore.

Pour atteindre sa proie préférée, les termites, l'oryctérope défonce une termitière et lèche les insectes qui se précipitent au-dehors.

Pourquoi les éléphants d'Afrique ont-ils de si grandes oreilles ?

Non seulement elles permettent à l'éléphant d'entendre, mais elles lui servent aussi de climatisation. Quand il a trop chaud, il les agite pour s'éventer et se rafraîchir. Lors d'une attaque, le mâle écarte les oreilles, ce qui le fait paraître plus grand et plus menaçant.

De quoi se nourrit l'oryctérope ?

Les insectes comme les sauterelles, les fourmis, les scarabées et leurs larves font partie des proies de l'oryctérope, mais il préfère les termites. L'oryctérope brise les termitières à l'aide des griffes puissantes de ses pattes avant et attrape les termites avec sa langue longue de 30 centimètres. Pour qu'elles restent accrochées, il produit beaucoup de salive collante.

Comment se défend l'oryctérope ?

Quand il est menacé, l'oryctérope essaie de fuir en s'enterrant très rapidement dans le sol. Pour cela, il creuse la terre à une vitesse fulgurante avec ses griffes puissantes, la rejette vers les pattes arrière qui la projettent derrière lui. En quelques secondes, l'animal s'enfonce littéralement dans le sol. S'il ne parvient pas à s'enfuir, l'oryctérope se jette sur le dos et se sert de ses griffes acérées.

Comment les buffles chassent-ils les insectes ?

En dehors des battements de queue ou du frémissement des muscles aux endroits où les insectes se trouvent sur leur peau, les buffles se baignent volontiers dans la fange. À travers la croûte de boue séchée, les insectes ne les piquent pas. Souvent, ils se frottent contre des troncs d'arbres ou des termitières. De plus, ils ont conclu un partenariat avec des oiseaux comme les pique-bœufs ou les hérons garde-bœufs qui picorent les insectes sur leur peau.

Toutes les espèces de rhinocéros sont menacées dans le monde entier parce qu'on attribue à leur come a un effet aphrodisiaque. Dans ce but, elle est transformée en poudre et vendue surtout en Chine dans les pharmacies. Comme nos ongles ou nos cheveux, la corne de l'animal est composée de kératine. Des études coûteuses ont permis de prouver qu'il s'agit d'une pure superstition, qui conduit malheureusement à l'extermination de ces espèces.

Comment les buffles communiquent-ils entre eux ?

D'une part, ils emploient certaines positions du corps et de la tête, et d'autre part, les buffles émettent une série de bruits. Il existe des bruits spéciaux entre les vaches et leurs veaux et entre les membres du troupeau. Aussi, on peut distinguer des bruits pendant le rut et l'accouplement, des bruits de menace et de combat, des appels grâce auxquels les animaux avertissent de la présence d'un ennemi ou font part aux autres qu'ils sont en difficulté.

En quoi les deux espèces de rhinocéros africains sont-elles différentes ?

Le rhinocéros blanc de la savane est plus grand que le rhinocéros noir qui habite les forêts, possédant une protubérance plus marquée sur la nuque. Mais tous deux portent deux cornes sur le nez. Chez le rhinocéros noir, la lèvre supérieure se termine en pointe et est utilisée comme outil de préhension, le blanc ayant de larges lèvres supérieure et inférieure.

Comment mange le rhinocéros blanc ?

Le rhinocéros blanc saisit et pince une touffe d'herbe entre ses larges lèvres pour l'arracher et pour ensuite s'en délecter.

À qui l'homme a-t-il emprunté l'armure des chevaliers ?

Les tatous se protègent de leurs ennemis grâce à une sorte d'armure. Ils sont couverts partout de plaques d'os sur lesquelles se trouve aussi une couche de corne. En cas de danger, certaines espèces rentrent leurs pattes sous leur cuirasse et s'écrasent contre le sol, d'autres s'enroulent de manière à former une boule.

Les larges cornes d'un mâle buffle adulte peuvent atteindre plus d'un mètre d'envergure.

À quoi servent les apophyses du phacochère ?

Les phacochères ont trois paires d'apophyses cartilagineuses sur la face : au-dessus et au-dessous des yeux, et sur la mâchoire inférieure. Les premières sont les plus petites et n'existent pas toujours chez les femelles. Celles sous les yeux du verrat peuvent atteindre 15 centimètres. Celles se trouvant sur la mâchoire inférieure ont chez les deux sexes une bordure de poils blancs et, chez les jeunes mâles, ressemblent à des défenses. On pense qu'elles protègent les yeux et la mâchoire lors de combats.

Quand, après une course rapide, le guépard a terrassé la gazelle de Thomson, il y a souvent des lions ou des hyènes qui attendent déjà pour lui disputer son butin.

Comment le phacochère se protège-t-il de ses ennemis ?

Les yeux du phacochère se trouvent relativement haut sur sa tête, ce qui lui permet de continuer à avoir une vue d'ensemble sur les environs même lorsqu'il mange de manière typique en glissant sur ses avant-bras. S'il doit prendre la fuite parce que l'ennemi est trop fort, il peut atteindre une vitesse de 55 kilomètres/heure en trottant. Il dresse alors sa queue à la verticale pour signaler le danger à ses congénères.

Comment se défend le phacochère ?

Si un ennemi, par exemple un léopard, le serre de près, le phacochère utilise ses défenses acérées. Il peut infliger des blessures très profondes. Elles lui servent également à combattre un rival.

Les défenses du phacochère sont des armes dangereuses. Les dents des mâchoires supérieures comme inférieure poussent vers le haut.

Son allure majestueuse et ses dons de chasseur font considérer le lion comme le « roi des animaux ».

En quoi les lions chassent-ils différemment des autres félins ?

Tous les félins sont des solitaires qui chassent aussi seuls. Il n'y a que le lion qui vit la plupart du temps dans un groupe familial. Les femelles chassent ensemble selon une stratégie déterminée. Elles se glissent aussi près que possible d'un troupeau, de zèbres par exemple. Une femelle fait le tour du troupeau puis elle se montre. Cela fait fuir le troupeau exactement en direction des congénères à l'affût. Dès qu'un zèbre arrive devant une lionne, elle attaque.

Pourquoi les lions tuent-ils tous les jeunes quand ils reprennent la tête d'un groupe ?

Parce que leur mère est plus vite prête à nouveau à concevoir et s'accouple avec le nouveau mâle. Ainsi, le nouveau chef de groupe peut transmettre plus rapidement ses gènes à la génération suivante.

Pourquoi le guépard doit-il courir si vite ?

Le guépard est le mammifère terrien le plus rapide. Il atteint très vite une vitesse de plus de 100 km/heure. Il chasse des lièvres et des petites antilopes. Il doit être aussi rapide parce qu'il chasse seul en terrain découvert et qu'il doit pouvoir rattraper sa proie. De plus, il est relativement faible, et les lions et les hyènes l'obligent souvent à lâcher son butin en le pourchassant à son tour. Sa vitesse et de nombreuses prises lui permettent de compenser.

Comment chassent les chiens sauvages africains ?

Les chiens sauvages chassent le plus souvent en équipe, le matin ou en fin d'après-midi. Quand ils ont repéré une proie avec leurs yeux perçants, ils la pourchassent jusqu'à ce qu'ils soient assez près de leur victime. Puis ils la mordent à l'arrière-train et à la tête, lui étripent le ventre et lui arrachent des morceaux de chair.

Quel est le meilleur chasseur de la savane ?

Les hyènes, persévérantes, pourchassent leur proie jusqu'à ce qu'elle s'effondre d'épuisement. En chassant, un groupe de hyènes pousse un troupeau à s'enfuir tout en essayant d'isoler l'une des bêtes, jeune le plus souvent. Quelques hyènes restent derrière la victime, d'autres essaient d'arriver à côté d'elle. Quand elle est encerclée, elle est écrasée sur le sol et tuée.

Les chiens sauvages, également appelés chiens hyènes, ne mangent pas de charogne. C'est pourquoi ils doivent chasser régulièrement. Ils peuvent soutenir une vitesse de 55 kilomètres/heure pendant un certain temps.

Quelle place particulière occupe l'otocyon parmi les canidés ?

Il est le seul de sa famille à se nourrir essentiellement d'insectes. En dehors des criquets pèlerins, il s'agit en majorité de termites et de bousiers. Les otocyons localisent les insectes avec leurs grandes oreilles qui fonctionnent comme des cornets acoustiques. Ils entendent même des termites qui courent sous terre ou des larves de bousiers en train de ronger à l'intérieur des excréments.

Dans le groupe, les guenons vertes s'invitent sans cesse à se soigner réciproquement la fourrure. Cela contribue à la cohésion du groupe.

Les galagos font partie des lémuriens qui, à deux exceptions, ne vivent qu'en Afrique et à Madagascar. Sans élan, ils peuvent sauter à 2 mètres de hauteur ou de longueur.

Quel est le deuxième nom du galago ?

Sa tête arrondie aux grands yeux dirigés vers l'avant et les sons qu'il produit, qui rappellent des cris d'enfant, l'ont fait appeler « bush-baby ».

Pourquoi le galago peut-il si bien sauter ?

Grâce à leurs yeux dirigés vers l'avant, les galagos peuvent voir en trois dimensions. Cela leur permet d'atterrir en sécurité quand ils sautent loin. Avec leur longue queue, ils parviennent même à changer de direction pendant qu'ils sautent. Les boules épaisses de leurs doigts avant et arrière leur assurent un bon appui.

Comment les guenons vertes régissent-elles l'ordre hiérarchique ?

Sociables, les guenons vertes vivent en groupes pouvant comprendre jusqu'à 50 bêtes. Il règne entre elles un ordre hiérarchique strict, souvent établi par des bagarres violentes, mais qui ne sont jamais sanglantes. Un mâle dominant manifeste son statut en circulant avec la queue dressée toute droite et en présentant son scrotum bleu et son pénis rouge. Si une femelle ou un petit est menacé, le mâle montre les dents et remue les mâchoires latéralement.

À quoi sert la longue langue des pangolins ?

Les pangolins comme les pangolins des steppes se nourrissent tout spécialement de termites et de fourmis. Pour parvenir à la proie convoitée, ils défoncent les termitières à l'aide des griffes robustes de leurs pattes antérieures, ou creusent la terre afin de trouver des insectes. Ils les récupèrent ensuite avec leur langue collante d'environ 20 centimètres de long.

Contrairement à tous les autres animaux à cornes, l'antilocapre perd chaque année la gaine de ses cornes. Seules les pointes osseuses restent en place.

Qu'entend-on par « buffle indien » ?

Il s'agit du bison. Il y a 150 ans, il habitait encore en Amérique du Nord en troupeaux de plusieurs millions de bêtes. Quand les Européens sont arrivés sur le continent, ils ont exterminé ce bœuf sauvage, la base vitale des Indiens. « Buffle » est une appellation fausse du point de vue zoologique.

De quoi vit le bison ?

En été, la sous-espèce du bison qui vit dans la prairie se nourrit essentiellement d'herbe, en particulier d'« herbe de bison ». Cette herbe coriace supporte très bien le pacage, qui lui est même très favorable. En hiver, le bison se nourrit de mousses, de lichens et d'herbes sèches qu'il gratte sous la neige. Pour cela, il se sert de ses sabots et aussi de sa tête.

Quel est le mammifère le plus rapide d'Amérique du Nord ?

Aucun rapace d'Amérique du Nord ne peut rattraper l'antilocapre qui parcourt 40 kilomètres par heure. Quand il court, pour échapper à des ennemis par exemple, il peut même atteindre 95 kilomètres/heure, mais il ne peut toutefois soutenir cette vitesse sur plus 2 kilomètres. En même temps, il peut faire des bonds de 6 mètres de long.

Comment l'antilocapre signale-t-il le danger ?

Quand il court, il hérisse les poils de son arrière-train, une tache blanche, qu'il fait ainsi luire. Cela est visible sur plusieurs kilomètres et avertit ses congénères.

Qui est l'un des plus grands ennemis des chiens de prairie ?

Le putois à pieds noirs, car son corps élancé lui permet de pénétrer dans le système de galeries des rongeurs et de les terrasser. Les putois dépendent des chiens de prairie pour se nourrir. L'homme étant à la poursuite de ces rongeurs, il a presque exterminé le putois à pieds noirs.

Le fennec est l'un des plus petits renards. Plus craintif que les espèces apparentées, il vit très retiré.

Pourquoi le renard véloce a-t-il de si grandes oreilles ?

Animal nocturne, le renard véloce dispose d'un large éventail de proies. Ses grandes oreilles et son ouïe exceptionnelle servent à localiser les bêtes. Il se nourrit de petits mammifères comme des souris sauterelles, des gophers ou des lièvres, ainsi que de reptiles ou d'insectes. Il ne dédaigne pas non plus les fruits des cactus et d'autres plantes.

D'où vient son nom de renard véloce ?

Quand il fuit devant ses ennemis, il peut courir très vite et peut même faire des crochets. Sur de courts trajets d'une centaine de mètres, il compte parmi les carnassiers les plus rapides.

Le torse massif des bisons est couvert de poils qui peuvent mesurer 50 centimètres. Grâce à de vastes mesures de protection, il existe aujourd'hui de nouveau un grand nombre de ces bœufs sauvages.

Le coyote est aussi appelé loup des prairies, mais il est beaucoup plus petit et plus faible que son parent.

Quelles sont les particularités du blaireau argenté quand il cherche sa nourriture ?

Les blaireaux se nourrissent essentiellement de petits mammifères comme les chiens de prairie ou les souris qu'ils déterrent de leurs terriers. À l'occasion, ils s'associent avec des coyotes. Pendant que le blaireau pourchasse la proie sous terre, le coyote fait le guet à l'entrée. Si les blaireaux ont récolté plus de butin qu'ils ne peuvent en manger, ils enterrent le reste pour plus tard.

Pour la reproduction, quelle est la différence entre le coyote et le loup ou le renard ?

Les trois espèces appartiennent aux canidés. Tandis que le renard est solitaire et que le loup vit en meute, les coyotes vivent en couple pendant toute leur vie. Le mâle et la femelle partent ensemble à la chasse.

De quoi vivent les coyotes ?

On dit toujours que les coyotes attaquent le bétail. En réalité, ils se nourrissent de petits mammifères et de lapins, dont ils maintiennent le nombre à bas niveau. Ils consomment aussi des poissons, des grenouilles, des plantes et des charognes.

La caractéristique du lièvre des prairies à queue noire réside dans ses grandes oreilles sans poil.

Quels animaux habitent dans des villes souterraines ?

Les chiens de prairie vivent en colonies gigantesques composées de territoires familiaux individuels. Leurs réseaux souterrains peuvent s'étendre sur plusieurs hectares et, quand le sol est bien meuble, ils peuvent se trouver à 5 mètres de profondeur. En Amérique, ces colonies s'appellent des villes. Ce sont les mâles qui défendent les territoires familiaux contre les voisins.

Comment les chiens de prairies se protègent-ils des ennemis ?

Quelques chiens de prairie dressés sur leurs pattes postérieures surveillent les environs. Si l'un d'eux remarque quelque chose de suspect, il avertit les autres en aboyant bruyamment. Pour un rapace, ils disparaissent tous aussitôt dans le terrier. Si c'est un autre ennemi, tel le blaireau, ils essaient ensemble de le repousser.

Quelle est la particularité des gophers ?

Ils possèdent dans les joues des poches complètement recouvertes de fourrure dont les ouvertures se trouvent à l'extérieur, de chaque côté de la bouche. Ils y entassent leur nourriture qu'ils stockent dans leur terrier pour faire des provisions importantes.

Comment les gophers sont-ils adaptés à leur mode de vie souterrain ?

Les gophers de plaine construisent dans les sols profonds de la prairie des réseaux étendus de galeries. La forme de leur corps, avec la tête ronde aux petits yeux et petites oreilles, indique leur mode de vie souterrain. De plus, ils ont des pattes robustes avec des griffes fortement recourbées aux pattes de devant. La queue à peine couverte de poils sert d'organe tactile quand ils se déplacent à reculons dans leurs galeries.

À quoi servent les oreilles du lièvre ?

Avec ses oreilles qui peuvent atteindre 20 cm de long, le lièvre californien peut non seulement entendre à merveille, mais il peut aussi réguler la température de son corps. S'il a trop chaud, il redresse les oreilles, il les écarte et les fait rafraîchir par le vent.

Les chiens de prairies ne sont pas des chiens, mais des rongeurs. Leur nom vient de leurs cris qui ressemblent à des aboiements.

Les guanacos vivent en petits groupes d'une vingtaine de bêtes, comprenant les mères avec leurs petits et un chef. À côté, il existe aussi des groupes de célibataires.

Comment les guanacos règlent-ils les conflits avec leurs congénères ?

Les guanacos sont apparentés aux chameaux. Quand ils sont agités, comme lors de disputes avec leurs congénères, ils redressent la tête, expulsent vigoureusement de l'air mélangé à de la salive, et parfois aussi quelques morceaux de nourriture de leur estomac. Dans d'autres variantes, ils essaient de mordre l'adversaire à la patte et de le renverser. De plus, ils portent des coups avec leurs pattes de devant.

Où vivent les guanacos ?

Les guanacos, très adaptables, ont conquis de très nombreux espaces, terrains herbeux à découvert, buissons et arbres, depuis le niveau de la mer jusqu'à 4 000 mètres d'altitude. Peu importe que le climat soit sec et chaud, venteux ou froid.

Quels sont les jeux de combat pratiqués par les cerfs des pampas ?

Ce genre de combat se produit souvent entre deux cerfs. Ils ont un caractère sportif. La plupart du temps, c'est un cerf inférieur qui provoque le plus élevé de la hiérarchie. Après un rituel préliminaire, ils s'attaquent avec leurs ramures, se poussent et luttent l'un contre l'autre. Le cerf vaincu met fin au « combat » en faisant un bond en arrière.

Qu'est-ce qu'une viscachera ?

C'est le nom donné au réseau souterrain des viscachas, animal apparenté au chinchilla, dans lequel vit la colonie. Avec le temps, les terriers peuvent prendre des proportions considérables. Jusqu'à cinquante bêtes vivent sur une surface de 6 kilomètres carrés.

Pourquoi les fermiers n'aiment-ils pas les viscachas ?

Le terrier des viscachas présente de nombreuses galeries souterraines ainsi que plusieurs entrées et sorties. Les bêtes et les hommes peuvent tomber dans les trous et se briser les membres. De plus, les viscachas sont des concurrents pour le bétail puisqu'ils mangent aussi de l'herbe.

Avec une hauteur au garrot d'environ 70 centimètres, les cerfs des pampas sont une espèce très gracile. Les bois présentent trois terminaisons.

Comment les grands maras passent-ils leur journée ?

Ce parent des cochons d'Inde est un animal diurne. S'il n'y a pas d'ennemi à proximité, il broute, mais continue de veiller. Quand il fait beau, il lui arrive de prendre un bain de soleil, dans une position toutefois inhabituelle pour un cochon d'Inde. Il s'allonge à plat sur le ventre et étend ses pattes antérieures vers l'avant.

Les chameaux, les dromadaires et les lamas, ou petits chameaux d'Amérique du Sud, les guanacos et les vigognes font partie des artiodactyles. Ils marchent sur les deux extrémités des troisième et quatrième orteils très écartés, les autres orteils sont atrophiés. La plante du pied est recouverte d'un capiton dur mais élastique, le cal. Chez les lamas, ces capitons sont étroits, ce qui leur permet d'avancer facilement même sur terrain pierreux.

Comment se comportent des maras en fuite ?

Les grands maras peuvent courir très vite et, en galopant, faire des bonds pouvant atteindre 2 mètres, comme le font certaines gazelles. Quand ils fuient, la tache blanche (zone qui entoure la queue) sert de signal social. Celle-ci luit de loin et avertit les autres bêtes qui se joignent alors au fuyard.

À quoi servent les peignes des tukotukos ?

Les doigts des pattes des tukotukos sont munis de nombreuses soies qui ressemblent à des peignes. Ils leur servent à déblayer la terre.

Avec une démarche balancée typique, le loup à crinière flâne à travers son territoire à la recherche de petits animaux, de tatous ou de plantes.

De quoi se nourrit le renard des pampas ?

Au menu très varié du renard figurent des petits mammifères, des oiseaux et leurs œufs, des amphibiens, des reptiles, des insectes et autres invertébrés. Parfois les renards des pampas capturent des poissons et des crustacés. En dehors des charognes, ils consomment relativement beaucoup de plantes.

Quelle est la vie sociale des loups à crinière ?

Les loups à crinière vivent toute l'année en couple dans une meute, mais ils n'ont de contact entre eux qu'à la période de reproduction. La plupart du temps, ce sont des solitaires. Avant l'accouplement, les deux partenaires sont allongés serrés l'un près de l'autre et se lèchent souvent la tête. L'invitation à l'accouplement vient de la femelle. Le mâle participe aussi à la naissance. Il lèche les petits pour les sécher et mange même une partie du placenta. Il prend part aussi à l'élevage des petits.

Les pumas sont de grands sauteurs. Sans élan, ils peuvent bondir jusqu'à 6 ou 7 mètres de haut. Ils parviennent aussi à sauter d'un arbre à l'autre.

Quel carnivore était le plus répandu dans le monde ?

Autrefois, le puma vivait sur un territoire allant des forêts canadiennes au nord et passant par les prairies, les forêts tropicales d'Amérique centrale et du Sud jusqu'à la pampa argentine et la Patagonie. Aujourd'hui, il a été exterminé dans beaucoup de régions, car ennemi des ruminants.

Comment réagit un chat des pampas quand il est en colère ?

Les chats des pampas se répartissent en plusieurs sous-espèces qui se différencient par la nature et la couleur de leur fourrure. Mais ils ont tous une longue crinière sur le dos. Un chat des pampas en colère peut hérisser sa crinière à la manière d'une crête. Cela le fait paraître plus grand et impressionne les adversaires.

Comment le tamanoir se procure-t-il sa nourriture ?

Le tamanoir parcourt inlassablement son territoire, le nez toujours sur le sol. De préférence, il se nourrit de fourmis qu'il déterre à l'aide de ses griffes puissantes. Avec sa langue collante, en forme de tuyau, qui peut atteindre 60 centimètres de long, il passe dans les galeries de la fourmilière et capture les fourmis. Pour qu'elles ne lui échappent pas, la langue est en outre pourvue de barbes.

Comment le tamanoir profite-t-il de sa nourriture ?

Chaque jour, le tamanoir doit consommer environ 30 000 fourmis ou termites pour se sentir rassasié. Comme il ne possède pas de dents pour broyer les carapaces difficiles à digérer, le tamanoir dispose d'un estomac musculeux, mais il absorbe également de petits cailloux pour aider la digestion.

Les tamanoirs emmènent toujours leurs petits avec eux sur les dos. Les petits ont le réflexe de se cramponner pour s'accrocher à leur fourrure.

Quel est le plus grand ennemi du tatou à trois bandes ?

En cas de danger, les tatous à trois bandes s'aplatissent dans des irrégularités du sol ou disparaissent dans des trous. S'ils ne trouvent pas de refuge, ils s'enroulent pour former une boule parfaite et cachent ainsi leur ventre sans protection. Seul le jaguar parvient à percer cette carapace avec ses puissantes mâchoires. Ses robustes incisives lui permettent de percer les plaques d'os.

Les tatous comme ce tatou à neuf bandes se fient à leur carapace, formée de plaques osseuses articulées recouvertes de corne. C'est pourquoi ils se déplacent aussi pendant le jour : en cas de danger, ils peuvent se rouler en boule.

Comment le tatou à neuf bandes se protège-t-il des ennemis ?

Cette espèce de tatou peut courir étonnamment vite quand il fuit. Si un ennemi l'approche de trop près, il creuse habilement un trou en grattant avec ses griffes vigoureuses pour protéger son ventre mou. Le dos du tatou est protégé par des plaques osseuses. Si l'ennemi n'abandonne pas, le tatou peut littéralement s'enfoncer sous ses yeux en creusant dans le sol.

Le hamster entasse sa nourriture dans ses bajoues qui peuvent lui arriver aux épaules.

Comment se développent les petits du souslik tacheté ?

Les petits, jusqu'à huit par portée, naissent après environ 25 jours de gestation. Au bout de 23 jours, ouvrent les yeux, un ou deux jours plus tard, absorbent déjà de la nourriture solide et peuvent courir. Après 4 à 5 semaines, ils sont sevrés. Ce sont des animaux nidicoles.

Comment le hamster doré défend-il son territoire ?

Le hamster doré menace un intrus en claquant des dents. Si l'intrus ne recule toujours pas, le propriétaire du territoire en question se met sur ses pattes arrière puis gonfle ses bajoues, il crache et il attaque. Lors de la lutte qui suit, les adversaires essaient de se mordre l'un l'autre. Le vaincu se retire rapidement.

Comment le hamster se nourrit-il ?

Étant donné que la nourriture est souvent rare dans les steppes sèches d'Asie et du Moyen-Orient, dès qu'ils en trouvent, les hamsters font des stocks dans leur terrier. Ils disposent de bajoues extensibles dans lesquelles ils entassent beaucoup de graines pour les emporter jusqu'à leur demeure. La plus grande réserve qu'on ait trouvée contenait environ 70 kilos de céréales.

Quand le hamster nain a découvert quelque chose de suspect, il se dresse sur ses pattes arrière et fait le guet. Ces drôles de petites bêtes sont aujourd'hui appréciées comme animaux domestiques.

Que fait le hamster nain de Djoungarie en hiver ?

Pendant cette période, il vit de ses vastes provisions. Sa fourrure s'adapte à la situation hivernale. Non seulement elle s'épaissit, mais elle prend une couleur plus claire.

Comment se lave le hamster nain de Djoungarie ?

Quand il fait sa toilette, le hamster arrange sa fourrure pour qu'elle soit bien lisse sur son corps, car c'est seulement ainsi qu'elle peut bien le protéger. Pour cela, il s'assoit sur son arrière-train et s'occupe de sa tête avec ses pattes qu'il mouille sans cesse avec sa langue. Puis – avec des contorsions – c'est le tour du ventre, du dos, des pattes avant et arrière.

D'où vient le nom de la souris sauterelle ?

Ces animaux ne sautent pas dans l'herbe, mais se nourrissent de préférence de sauterelles. Même si leur nom indique une parenté avec les souris, les souris sauterelles sont plus proches des hamsters que des souris. Sous une espèce nordique et une espèce méditerranéenne, elles habitent des régions de steppes sèches depuis Mexico jusqu'au sud du Canada.

Comment le zokor avance-t-il sous terre ?

Les zokors nus habitent les steppes d'Asie orientale. Ces artistes du terrassement possèdent, sur les trois doigts du milieu des pattes avant, de longues griffes en forme de faucilles, avec lesquelles ils ameublissent le sol. Avec la tête, ils repoussent la terre sur le côté. Ils coupent avec leurs dents les racines qui obstruent la galerie. Lors d'une expérience, un zokor chinois, placé sur un sol pierreux, a réussi à s'enterrer complètement en l'espace de 4 minutes ; 12 minutes plus tard, il avait creusé une galerie de 70 cm de long.

Les zokors, ou hamsters-taupes, appartiennent à la famille des fouisseurs et sont apparentés aux campagnols et aux hamsters. Ils vivent en Asie de l'Est, en Chine, en Mongolie et en Russie.

La marmotte bobak creuse son terrier familial jusqu'à 3 mètres de profondeur.

Pourquoi les marmottes bobaks peuvent-elles être dangereuses pour les hommes ?

Les marmottes bobaks, également appelées marmottes des steppes, sont inoffensives pour les humains. Mais elles abritent des puces porteuses d'agents pathogènes de la peste. Au début du XXe siècle, une épidémie de peste, déclenchée par des marmottes, a coûté la vie à 60 000 personnes.

En quoi la saïga est-elle adaptée à la vie dans la steppe ?

La caractéristique de la saïga est son nez en forme de trompe, enflé et mobile. Il est pourvu de grandes fosses nasales soutenues par des cartilages, dans lesquelles l'air froid se réchauffe en hiver. Les narines inclinées vers le bas empêchent la poussière soulevée lorsque la saïga se déplace de pénétrer à l'intérieur.

Pourquoi les gemsboks se servent-ils de leurs cornes ?

Quand plusieurs mâles convoitent une femelle, ils s'opposent lors d'un combat rituel. Les cornes ne sont pas employées comme armes mortelles, mais pour déterminer celui qui est le plus fort. Les deux mâles se battent d'abord en croisant leurs cornes, puis ils se donnent des coups de tête. Quand l'un des adversaires s'aperçoit qu'il est le plus faible, il abandonne et s'enfuit.

Les saïgas doivent boire régulièrement. Avec une démarche économisant ses forces, les deux pattes d'un même côté avançant en même temps, la saïga peut parcourir jusqu'à 50 kilomètres par jour sans se fatiguer.

Pourquoi le gerenuk s'appelle-t-il aussi gazelle girafe ?

Comme les girafes, ces gazelles, habitant la steppe broussailleuse d'Afrique, ont de très longs cous. Elles se dressent aussi sur les pattes arrière pour manger. Cela leur permet d'atteindre le feuillage des arbres qui reste inaccessible aux autres gazelles.

Pourquoi les gazelles de Mongolie s'appellent-elles aussi antilopes à jabot ?

Les mâles de cette espèce ont un larynx surdimensionné qui gonfle comme un jabot pendant la parade nuptiale. Ils peuvent en outre enfler leur gosier pour servir de caisse de résonance pour les bruits qu'ils émettent. L'espèce vit dans les steppes de l'intérieur de la Mongolie.

Existe-t-il encore des chevaux sauvages ?

Le cheval de Przewalski des steppes d'Asie centrale avait disparu après avoir été persécuté par les hommes et avoir perdu ses espaces de liberté, mais il avait survécu dans des zoos. Ces animaux ont alors fait l'objet d'un élevage volontaire et les descendants ont été ramenés à la vie sauvage en Mongolie.

Quel est le rôle du gonflement rouge sur le postérieur de la femelle pavian ?

C'est un signe qui montre que la femelle est prête à concevoir. Pendant les six ou sept derniers jours de cette phase, les femelles sont particulièrement fécondes. Le chef de groupe s'accouple alors avec elles à une fréquence surprenante.

Les pavians verts communiquent entre eux par une mimique prononcée. Par exemple, un pavian de rang supérieur se fait menaçant avec un regard fixe, la gueule ouverte et un hurlement rythmé.

Quel est l'ancêtre du chat domestique ?

C'est le chat sauvage. Il vit dans les territoires de steppes et de broussailles dans presque toute l'Afrique et en Asie Mineure. Il se nourrit essentiellement de petits rongeurs, d'oiseaux et de lézards.

À quoi servent les touffes de poils dans les oreilles du renard du désert ?

Grâce à ces touffes de poils qui peuvent mesurer jusqu'à 6 centimètres, le renard du désert parvient à localiser sa proie avec précision. Chasseur habile, il ne capture pas seulement des bêtes qui sont plus grosses que lui, mais aussi des oiseaux en vol.

De quoi vivent les renards des steppes ?

Le renard des steppes, ou renard corsac, habite les steppes du nord-est de la Chine et de la Mongolie. Ses principales proies sont les lapins et rongeurs comme les marmottes, et les oiseaux, lézards ou insectes. En hiver, il revêt une fourrure très épaisse.

Comment le ratel se défend-il contre les ennemis ?

Avec les fortes griffes de ses pattes avant, il peut blesser grièvement un adversaire. De plus, le ratel est très relâché dans sa fourrure. S'il est attrapé au cou par un ennemi ou un rival, il peut littéralement se retourner dans sa propre peau et mordre l'adversaire.

La caractéristique du chat sauvage réside dans les taches qui se rejoignent en rayures sur ses flancs. On sait peu de choses sur sa vie en liberté.

À la recherche de miel, le ratel a recours à l'aide d'un oiseau indicateur. Sa fourrure vigoureuse le protège des piqûres des abeilles.

Comment le ratel trouve-t-il du miel ?

Pour trouver du miel, ce parent de la martre compte sur des oiseaux. L'indicateur lance un appel particulier pour signaler au ratel qu'il a découvert un essaim d'abeilles. Celui-ci éventre l'essaim avec ses robustes griffes et se jette sur le miel. L'oiseau indicateur prend ensuite sa part du butin. La fourrure épaisse du ratel le protège contre les piqûres d'abeilles.

Comment le blaireau-furet est-il adapté à son environnement ?

Le blaireau-furet habite les steppes de buissons et d'arbres en Asie. Pour s'adapter à son mode de vie sous terre, ses pattes de devant sont pourvues de fortes griffes. Son corps élancé, tel celui de la martre, et sa petite taille lui permettent de se déplacer dans les galeries. Il renifle sa nourriture grâce à son long nez très mobile.

La teinte foncée de son ventre, du masque de sa face et du motif de taches et de rayures sur le fond clair du corps rend le putois tigré vif en couleurs.

L'ichneumon est-il immunisé contre le venin des serpents ?

Ces mangoustes ne sont pas immunisées contre le venin des serpents, mais leur sensibilité est néanmoins réduite. En outre, les ichneumons hérissent leur fourrure hirsute, ce qui empêche les serpents d'atteindre la peau quand ils mordent. Ces animaux enlèvent la peau glissante et parfois toxique des grenouilles et des crapauds en faisant rouler leur butin sur le sol.

Comment l'ichneumon casse-t-il un œuf ?

Lorsque l'ichneumon a pris un œuf trop gros pour pouvoir l'ouvrir uniquement avec ses dents pointues, il le jette entre ses pattes vers l'arrière contre un rocher ou une pierre jusqu'à ce que l'œuf se brise.

Comment se défend le putois tigré ?

S'il est serré de près, il arrondit l'arrière de son corps et redresse la queue pour que la pointe soit tournée vers sa tête. Cela le fait paraître plus gros. En même temps, le putois tigré grogne et pousse des cris perçants. Si cette position de défense ne fonctionne pas, il possède des glandes lui permettant d'arroser l'agresseur d'une sécrétion malodorante.

Comment la gazelle dorcas fait-elle sa toilette ?

Cette gazelle se sert de ses dents et de ses lèvres. Pour les endroits qu'elle n'arrive pas à atteindre, comme la poitrine, le cou ainsi que la tête, la gazelle dorcas utilise la patte arrière, qu'elle passe entre ses pattes avant. Elle se gratte alors le dos avec ses cornes.

Comment les gazelles dorcas communiquent-elles entre elles ?

En dehors de l'odeur, des signaux optiques transmis par la tache blanche et par la queue jouent un rôle dans la communication. Une gazelle qui a peur rentre la queue, ce qui fait que le blanc de la tache disparaît presque complètement. Si une gazelle est en alarme, elle redresse la queue à la verticale. La tache blanche rendue visible prépare la horde à la fuite.

Comment le pied de l'antilope à nez tacheté est-il adapté au sable ?

À la différence des autres antilopes, les antilopes à nez tacheté ont des sabots élargis avec une semelle plate. De plus, les ergots sont fortement développés. L'ensemble produit une surface plus importante et empêche les animaux de s'enfoncer profondément dans le sable.

Les antilopes à nez tacheté ne défendent pas de territoire. Avec leur bon nez, elles flairent les chutes de pluie et suivent leur direction.

Comment les antilopes à nez tacheté se sont-elles adaptées au désert ?

En cas de grosse chaleur et de sécheresse, les antilopes à nez tacheté peuvent augmenter la température de leur corps sans transpirer. Cela leur permet d'économiser de l'eau et de ne pas avoir besoin de boire pendant plusieurs mois. Pour se protéger du soleil torride et du vent desséchant, elles se reposent à l'ombre des rochers dans des creux qu'elles ont dégagés avec leurs pattes avant.

Qu'est-ce qui fait partie du rituel de séduction de l'oryx blanc ?

Au cours de la pariade le mâle et la femelle se tiennent tête contre queue, et tournent l'un autour de l'autre. Ils s'affrontent parfois en croisant leurs cornes. L'accouplement est précédé d'un coup de patte avant donné par le mâle contre les pattes arrière de la femelle.

Les gazelles dorcas habitent des déserts, des semi-déserts et des savanes où l'herbe est rare.

Quelle est la structure sociale de l'âne sauvage d'Afrique ?

Chez les ânes sauvages, il existe des groupes constitués uniquement de mâles ou de femelles ainsi que des groupes mixtes. Ils errent à la recherche de nourriture. Certains mâles sont sédentaires et défendent un territoire. Si des femelles traversent, le propriétaire du territoire essaie de s'accoupler avec elles. Les combats ont lieu la plupart du temps avec des rivaux sur les limites du territoire ou entre des femelles farouches et des étalons. Les étalons soumis sont tolérés dans le territoire par l'étalon dominant.

Depuis tout temps, les chameaux et les dromadaires ont aidé les hommes à se tirer d'affaire dans le désert. Ils sont bien adaptés à ce mode de vie. Leurs bosses sont un réservoir de graisse.

Qu'est-ce qui se cache derrière le mouflon à manchettes ?

Ce sont des parents des chèvres et des moutons qui vivent dans les hauts déserts rocheux d'Afrique du Nord. Deux caractéristiques sont réunies dans leur nom. Ils ont une crinière de poils plus longs sur la nuque, le dessous du cou, la poitrine et les coudes. De plus, ce sont d'excellents sauteurs qui bondissent à 2 mètres de hauteur sans élan.

Comment les chameaux sont-ils adaptés à la vie dans le désert ?

Comme ils n'ont pas de tissu adipeux sous-cutané, ils n'emmagasinent pas la chaleur. Les deux orteils sont reliés par une peau qui les empêche de s'enfoncer dans le sable. Ils peuvent se passer de boire pendant plusieurs semaines, ce qui leur fait perdre jusqu'à un quart de leur poids. Ils supportent même une perte d'eau de 40 %, tandis que l'homme meurt déjà au-delà de 4 %. Les chameaux peuvent boire de 5 à 100 litres d'eau en peu de temps. Ils ne transpirent qu'à partir de 40 à 41 °C et leur température tombe la nuit jusqu'à 34 °C. Il leur faut donc plus de temps le lendemain pour se réchauffer.

Quelle est la différence entre le dromadaire et le chameau ?

La plus évidente, ce sont les bosses, car le dromadaire n'en a qu'une alors que le chameau en a deux. De plus, le chameau est plus bas sur pattes et a une fourrure plus longue qui lui rend bien service pendant la nuit et en hiver dans l'espace plus froid où il vit.

Le désert exige de ses habitants des capacités particulières. Ils peuvent profiter pleinement de l'eau contenue dans la nourriture. D'un autre côté, ils produisent une urine hautement concentrée, ce qui fait qu'ils n'éliminent que très peu d'eau. Les habitants du désert échappent à la chaleur en cherchant leur nourriture au crépuscule ou pendant la nuit. Beaucoup d'animaux du désert ont un ventre blanc qui réfléchit la chaleur dégagée par le sable brûlant.

!

Qu'est-ce qui caractérise le fennec ?

Le fennec, ou renard du désert, possède de grandes oreilles et une fourrure claire, adaptées à sa patrie désertique. Grâce à ses oreilles, il peut régler la température de son corps et laisser échapper la chaleur. Contrairement aux chiens de taille modérée, il ne halète pas parce que cela lui ferait perdre de l'eau.

Avec une hauteur au garrot de 20 centimètres, le fennec, un habitant du désert, est le plus petit renard du monde. Par rapport à sa taille, avec plus de 15 centimètres, c'est le renard qui a les plus grandes oreilles.

Quelques suricates sont détachés pour monter la garde. Tandis qu'ils guettent les ennemis, les autres peuvent manger tranquillement.

Quels sont les signes distinctifs de l'hyène brune ?

Les poils plus longs sur la nuque, les côtés du cou et les épaules forment une crinière qui ressemble à un caparaçon. Cet animal s'appelle hyène brune à cause de la couleur essentiellement brune de sa fourrure. Comme cette hyène cherche souvent sa nourriture sur les plages, surtout au sud-ouest de l'Afrique, elle est également appelée loup des plages.

Comment les suricates régulent-ils leur température ?

Quand les suricates quittent leur terrier le matin, ils se redressent d'abord et prennent le soleil, ou bien ils s'allongent sur le ventre sur des pierres chaudes. Leur ventre étant peu velu, ils peuvent engranger la chaleur rapidement, mais aussi l'évacuer. Pour se rafraîchir, ils s'allongent sur un sol frais. Pour réduire la perte de chaleur pendant la nuit, plusieurs membres de la colonie s'étendent les uns sur les autres.

Quand un porc-épic hérisse ses piquants, il paraît brusquement deux fois plus gros.

Comment les suricates se comportent-ils face à l'ennemi ?

Quand les membres de la colonie mangent, des bêtes observent les environs. Si elles découvrent un rapace, elles poussent un long cri d'avertissement, et tout le monde disparaît sous terre. S'il s'agit d'un ennemi terrestre, tel un chacal, elles le repoussent ensemble, hérissant leur fourrure et sautant en l'air avec les pattes tendues toutes droites. Entre-temps, elles bondissent sur l'ennemi en crachant et en mordant.

Comment le chat des sables est-il adapté au désert ?

En été, le chat des sables passe la journée dans un terrier. Quand il part le soir à la recherche de nourriture, les longs poils de la semelle protègent leurs pattes de la chaleur du sable. Leur fourrure épaisse empêche un refroidissement de leur corps. Le chat des sables supporte ainsi une différence de température de 80 °C en été jusqu'à –35 °C en hiver.

Les porcs-épics peuvent-ils tirer avec leurs piquants ?

Non, quand un porc-épic se secoue, il arrive que quelques piquants se détachent, mais il ne peut pas tirer. Il se sert plutôt de ses piquants face à un ennemi, comme le léopard, en les lui enfonçant dans la tête, le cou et la poitrine si celui-ci ne tient pas compte des premières mesures de défense du porc-épic quand il se hérisse ou qu'il fait du bruit avec les piquants de sa queue.

Les gerbilles qui vivent dans les déserts de sable ont le dessous des pattes couvert de poils qui les empêchent de s'enfoncer dans le sable. Celles qui habitent sur des sols fermes n'en ont pas.

Quelle est la particularité des goundis ?

Les goundis sont proches des porcs-épics. Ces typiques habitants du désert à l'aspect de cochons d'Inde possèdent une épaisse fourrure soyeuse qu'ils entretiennent soigneusement pour qu'elle les protège de la chaleur. Sur les deux doigts du milieu des pattes arrière, juste au-dessus des griffes, des poils raides leur servent à peigner leur fourrure.

Comment se déplace la gerboise du désert ?

Les gerboises du désert habitent des régions sèches et des déserts d'Afrique du Nord, y compris le Sahara jusqu'en Égypte. Elles ressemblent à des kangourous miniatures à longue queue en brosse. Grâce à leurs longues et puissantes pattes postérieures, elles peuvent faire des bonds de 3 mètres. Elles se servent alors de leur longue queue comme balancier. Pour ne pas s'enfoncer dans le sable, leurs doigts sont gainés de poils.

Comment se comportent les gerbilles à la recherche de nourriture ?

Elles cherchent leur nourriture de préférence la nuit, car elle contient alors plus d'humidité à cause de la rosée. Dès qu'elles ont quitté leur terrier, elles avancent très prudemment sans cesser de guetter les environs, car elles ont de nombreux prédateurs. Grâce à leurs grands tympans, elles ont une ouïe exceptionnelle et perçoivent même des sons très graves.

Les gerboises du désert se déplacent presque uniquement sur leurs pattes arrière. Elles se servent de leurs courtes pattes avant aux griffes puissantes pour creuser leur terrier.

Comment les gerbilles se déplacent-elles ?

Les gerbilles ont des pattes postérieures très développées avec des pieds assez longs. Cela leur permet d'avancer rapidement en sautillant.

Les lièvres sauteurs sont-ils de vrais lièvres ?

Même s'ils s'appellent « lièvres », les lièvres sauteurs font partie des rongeurs. Selon des découvertes récentes, leurs plus proches parents sont les anomalures aptères, même s'ils habitent dans les arbres. Les différences physiques entre les deux groupes – de longues pattes chez le lièvre sauteur, des palmes chez l'anomalure – sont des adaptations aux habitats différents. Quand ils fuient, les lièvres sauteurs peuvent faire des bonds de 8 mètres de long.

Comment vit le hérisson du désert ?

Le hérisson du désert vit dans des zones sèches d'Afrique du Nord jusqu'en Arabie. Il creuse un terrier simple d'un mètre de long qu'il occupe en permanence. Sa nourriture consiste pour partie en petits vertébrés ou invertébrés. Ces hérissons entreposent des provisions dans leurs terriers. Si la nourriture se fait rare pendant un certain temps, ils tombent dans un état de torpeur pendant lequel ils consomment les réserves de graisse qu'ils ont sous la peau.

Chez quels petits mammifères y a-t-il des sages-femmes ?

Les rats épineux habitent surtout les déserts et les savanes de l'Afrique orientale. Par rapport à d'autres espèces de rats, les femelles mettent au monde des petits relativement développés. Lors de la naissance, d'autres femelles sont présentes qui lèchent aussitôt le petit et – si elles sont en train elles-mêmes d'allaiter des petits – le nourrissent.

Les lièvres sauteurs vivent, chacun pour soi, dans un réseau de galeries qu'ils ont creusé eux-mêmes. Pendant la nuit, ils remontent à la surface pour chercher leur nourriture.

Forêts

Les forêts sont appelées les poumons verts de la terre. Elles filtrent l'air, maintiennent le cycle de l'eau, stabilisent le climat et nourrissent des millions d'animaux. Il existe plusieurs zones forestières sur Terre. Les forêts d'épineux de l'hémisphère nord, ou taïga, sont bien plus pauvres en espèces que les forêts d'essences feuillues et les forêts tropicales, car les aiguilles ne sont pas très riches en substances nutritives et appauvrissent le sol. Les forêts d'essences feuillues s'étendant au Sud offrent des feuilles et des graines savoureuses consommées par de nombreux animaux. Les forêts tropicales primitives entourant l'Équateur font partie des espaces les plus riches en espèces de la terre.

Les ours bruns comprennent les plus grands ours en général, comme l'ours Kodiak d'Amérique du Nord ou l'ours du Kamtchatka du Nord de la Russie.

À quelle période les petits de l'ours brun viennent-ils au monde ?

Après l'accouplement pendant l'été et une gestation qui dure environ 7 mois, l'ourse met ses petits au monde en hiver. Elle se retire dans une grotte qu'elle a aménagée entre des buissons ou sous des rochers, ou qu'elle a creusée elle-même. La plupart des deux nouveau-nés sont aveugles et nus, et ils ont juste la taille d'un rat, ce qui fait que l'ourse ne s'aperçoit pas de leur naissance. Ils cherchent aussitôt les mamelles et se blottissent dans la fourrure de la mère. Au printemps, ils se sont si bien développés qu'ils peuvent quitter la grotte avec l'ourse.

Quel est l'ours le plus courant ?

Grâce aux mesures de protection de grande envergure, c'est l'ours noir d'Amérique du Nord. Comme l'ours brun, il est omnivore ; les animaux ne représentent qu'un quart de sa nourriture. Pendant l'automne, l'ours noir prépare sa couche de graisse pour l'hiver en mangeant exclusivement des baies et des plantes. Les ours noirs savent grimper.

Pourquoi les loups hurlent-ils ?

Les loups communiquent entre eux en hurlant. Un loup isolé qui a perdu la meute appelle ses congénères en hurlant. Ils lui répondent en hurlant en chœur jusqu'à ce qu'il soit revenu. Le hurlement en chœur encourage aussi la cohésion de la meute et signale aux voisins que le territoire est occupé.

D'où vient le nom du glouton ?

Cette grande martre des forêts nordiques est une chasseuse habile qui peut terrasser des élans et des rennes au bout d'une longue poursuite, mais elle n'est pas « gloutonne ». Cela vient de son nom norvégien, fjellfrås, qu'on peut traduire par « manger beaucoup », mais qui signifie « chat des neiges ».

Quel est le pire ennemi de l'écureuil ?

C'est la martre des pins. Elle habite de grands territoires forestiers vierges où elle chasse des mulots et des petits oiseaux, mais aussi des écureuils. Comme eux, c'est une grimpeuse agile, la seule à pouvoir poursuivre des écureuils à une vitesse fulgurante jusque dans les plus hautes cimes des arbres.

Quelle est la martre qui porte la fourrure la plus précieuse ?

Avant l'hiver, la fourrure de la zibeline devient particulièrement épaisse, longue et soyeuse. Dès l'Antiquité, elle était surtout convoitée chez les princes, et elle compte encore aujourd'hui parmi les fourrures les plus chères. La zibeline a besoin d'un manteau chaud car dans son habitat, la taïga de Sibérie, il peut faire –50 °C en hiver.

Comment l'hermine chasse-t-elle un lapin ?

Dressée sur ses pattes arrière, l'hermine explore l'entourage à la recherche d'une éventuelle proie. Si elle a vu un lapin, elle se glisse prudemment à quelques mètres de lui, puis elle s'élance. Le lapin s'enfuit, mais l'hermine le poursuit avec son bon flair et lui saute sur le dos dès qu'elle est suffisamment proche de lui. Elle lui mord aussitôt la nuque, et la plupart du temps, le lapin meurt sur-le-champ.

En quoi la belette à longue queue est-elle différente de l'hermine ?

C'est l'équivalent de l'hermine en Amérique du Nord. Comme elle, elle a colonisé un grand nombre d'espaces. Dans les territoires nordiques, toutes deux revêtent en hiver un pelage blanc de camouflage, seule l'extrémité de la queue reste noire. Si elles sont l'une à côté de l'autre, la belette à longue queue est plus grande.

La martre des pins ne se différencie de la fouine que par la tache sur le cou. La sienne est jaunâtre, et non pas blanche, et elle ne s'élargit pas vers le bas. La martre des pins est revêtue d'une belle fourrure épaisse.

Pourquoi le lynx se fait-il les griffes sur les troncs d'arbres ?

De cette manière, le lynx les aiguise et supprime les parties usagées. Les griffes gardent ainsi leur fonction d'arme et d'outil. En outre, comme tous les chats, le lynx possède sous les coussinets des pattes des glandes dont il répartit l'odeur dans son territoire pour annoncer qu'il veut en être le propriétaire.

Les chats sauvages vivent complètement retirés dans des forêts épaisses. En Europe Centrale, ils ne vivent plus que dans quelques montagnes de hauteur moyenne.

Quelle est la différence entre le chat sauvage et le chat domestique tigré ?

Tous les deux se ressemblent, mais le chat sauvage est plus grand et plus fort. En dehors de la tête plus large et de la fourrure plus longue et plus touffue, on remarque surtout la queue plus courte, plus épaisse et enroulée, avec toujours une extrémité tronquée.

À qui est apparenté le musc ?

Le musc est le plus petit cerf. Mais le mâle ne porte pas de bois, il a dans la mâchoire supérieure des canines qui dépassent de 6 à 8 centimètres de sa gueule. Elles servent d'armes dans les combats avec des rivaux. Chez les mâles, une grosse glande située sur le ventre entre le nombril et les testicules produit une sécrétion à l'odeur intense, appelée musc, avec laquelle ils marquent leur territoire et attirent les femelles. Le musc étant très convoité comme base de parfum, l'espèce a été quasiment exterminée.

Aucune proie n'échappe à ses légendaires « yeux de lynx ». Au menu du lynx figurent des animaux allant de la taille d'une souris jusqu'à celle du jeune élan. Il capture aussi régulièrement des oiseaux.

Quel cerf est capable de plonger ?

Malgré sa lourde ramure, l'élan, haut de 3 mètres, la plus grande espèce de cerf du monde, est un bon nageur et un bon plongeur. À la recherche de nourriture, il broute aussi des plantes comme des nénuphars au fond de l'eau. Il peut plonger jusqu'à 5 mètres de profondeur.

Comment le cerf mulet se comporte-t-il face aux ennemis ?

Le cerf mulet est le plus souvent un animal qui fuit. Mais il choisit des chemins devenant pour le poursuivant un véritable parcours d'obstacles. Puissant sauteur, il franchit les petits cours d'eau, bondit par-dessus les buissons ou escalade des parois à pic. Il oppose aussi une résistance directe car il est très souple et parvient facilement à échapper aux attaques.

Comment le pékan maîtrise-t-il un porc-épic d'arbre ?

Les porcs-épics d'arbre se défendent en se précipitant à reculons sur l'ennemi, en battant de la queue et en lui enfonçant dans le corps leurs piquants couverts de barbelés. Le pékan parvient à les duper. Il les plaque sur le sol et essaie de les mordre à la face. S'ils s'enfuient dans un arbre, le pékan arrive par le haut et mord. Au bout d'un moment, le porc-épic est tellement affaibli qu'il meurt. Le pékan commence alors son repas.

Les porcs-épics d'arbre s'appellent aussi coendous. Ils s'apparentent aux cochons d'Inde, et ne vivent qu'en Amérique du Sud et du Nord.

Où vit l'agile écureuil de Hudson ?

Cet écureuil typique d'Amérique du Nord s'appelle aussi chickaree et il est proche parent du célèbre écureuil roux. L'écureuil de Hudson séjourne essentiellement dans les arbres dans lesquels il court avec agilité de haut en bas des troncs et saute à travers les branches. Il vient sur le sol avant tout pour aller à la recherche de nourriture, pour en cacher dans la terre ou, lorsque l'hiver est arrivé, pour la déterrer.

Comment vivent les lemmings des forêts ?

Les emmings des forêts habitent la couche de mousse des forêts d'épineux humides de la Scandinavie jusqu'en Russie, loin vers l'est. Les herbivores diurnes et nocturnes aménagent leurs galeries et leurs nids. Comme les lemmings des mortagnes, ceux des forêts connaissent des variations de population, mais elles ne sont pas aussi spectaculaires car il n'y a pas chez eux de migrations massives.

Où vit le campagnol des arbres ?

Le campagnol des arbres vit dans la taïga du Canada et du Nord des États-Unis. C'est probablement le seul campagnol qui bâtit son nid en forme de boule dans les épineux. On a déjà trouvé des nids à 30 mètres de hauteur. Mais, la plupart du temps, ils sont situés entre 5 et 10 mètres. Le campagnol se nourrit des aiguilles des arbres, pauvres en substances nutritives.

Comme tous les écureuils, les écureuils de Hudson ont une activité de forestiers. Beaucoup de semences qu'ils ont cachées et n'ont pas retrouvées peuvent germer.

De plus en plus souvent, les animaleries proposent ces drôles d'écureuils rayés comme animaux domestiques. Ils deviennent vite familiers.

Comment les écureuils rayés se préparent-ils pour l'hiver ?

Les écureuils rayés passent l'hiver dans des terriers. Auparavant, ils se sont constitué une couche de graisse dont ils vivent pendant l'hiver. Pour cela, pendant l'été, ils rassemblent dans leurs vastes bajoues des graines, des bourgeons, des écorces, des fruits ou des jeunes pousses et les emportent dans la réserve de leur terrier. S'ils se réveillent pendant l'hiver parce qu'il fait très doux, ils se servent dans le stock.

Comment « vole » l'écureuil volant ?

De chaque côté du corps, il possède une peau velue entre les pattes antérieures et postérieures. Sa queue est également pourvue de poils latéraux. S'il veut sauter d'un arbre à l'autre, il écarte ses pattes et plane dans l'air à l'aide de cette peau. Avec la queue, l'écureuil commande son vol. Il peut changer de direction en changeant la tension de la peau par des mouvements des pattes avant ou arrière. Pour atterrir, l'écureuil volant tourne la queue et les pattes presque à la verticale et amortir le choc.

Comment les souris à pattes blanches passent-elles l'hiver ?

Bien que ressemblant à nos mulots sylvestres, n'hibernent pas comme eux. Elles construisent un chaud nid en boule, en général dans une galerie souterraine, avec de l'herbe, des feuilles, de la mousse et de l'écorce, puis le garnissent de poils et de plumes. La journée, cette souris y dort d'un sommeil léthargique, mais est active la nuit, cherchant de la nourriture qu'elle porte au nid ou cache dans la terre à proximité.

Les chauves-souris peuvent-elles mourir si on les dérange souvent dans leur quartier d'hiver ?

Quand les chauves-souris hibernent, leur température corporelle baisse fortement. Chaque fois qu'elles sont dérangées et se réveillent, leur température remonte. Cela leur fait consommer beaucoup d'énergie. Si elles sont souvent dérangées, leur réserve de graisse ne suffit pas jusqu'au printemps.

En vol plané, les écureuils volants peuvent franchir 35 mètres. Mais ils ne sont pas capables de voler activement comme les oiseaux.

Qui est appelé le « roi des forêts » ?

L'imposant cerf rouge est le plus gros gibier encore vivant. En automne, pendant le rut, on perçoit de loin son brame continuel.

Est-ce que les cerfs rouges se blessent lorsqu'ils se battent ?

Pendant le rut, le mâle dominant, annonce qu'il cherche des femelles prêtent à s'accoupler avec un brame puissant. Si un rival le provoque, ils se précipitent l'un sur l'autre tête baissée, ils se coincent avec leurs ramures et se poussent de côté et d'autre jusqu'à ce que le vaincu prenne la fuite. Mais il n'y a pas de blessures.

Comment s'appelle l'espèce de cerf la plus courante d'Amérique du Nord ?

Le cerf à queue blanche. Quand il fuit, il redresse sa queue relativement longue comme un drapeau de signalisation, ce qui fait que le dessous d'un blanc lumineux est visible. Il signale ainsi aux membres de la horde qu'il y a un danger.

Qu'est-ce que cela signifie quand le chevreuil « fraie » ?

Chaque année, en automne, le chevreuil perd ses bois, mais de nouveaux poussent pendant l'hiver. Ceux-ci sont recouverts pendant la croissance d'une peau veloutée, le velours. Quand les bois ont atteint leur taille définitive, le chevreuil enlève le velours en les frottant contre les buissons et les arbres : il fraie.

Que veut dire « être à l'écart » chez les chevreuils ?

Après la naissance, le faon peut très vite tenir sur ses pattes et courir. Mail il est encore allaité par sa mère à intervalles réguliers. Son pelage moucheté lui procure un excellent camouflage. En cas de danger, il s'aplatit sur le sol. Étant donné qu'à ce moment-là, il ne possède pas encore de glandes qui fonctionnent, les ennemis ne peuvent pas sentir sa présence.

La robe des jeunes cerfs rouges et des faons est tachetée de blanc. Cela leur permet d'être bien camouflés dans l'herbe où la mère les a déposés après la naissance.

Les daims ont-ils toujours vécu parmi nous ?

Depuis l'ère glaciaire, le daim européen occupait l'espace méditerranéen. Ce sont les Romains qui nous l'ont amené. Alors qu'on le rencontre encore souvent sur les terrains de chasse en Europe centrale, surtout en Allemagne, il ne vit presque plus en liberté dans sa patrie d'origine. Peu exigeant, le daim vit facilement dans des enclos ou des réserves.

A quoi servent les andouillers des daims ?

Les mâles essaient de gagner une horde femelle lors de combats. Lorsque deux rivaux s'affrontent, ils paradent d'abord l'un à côté de l'autre, jusqu'à ce que l'un d'eux cogne sa tête contre le flanc de l'autre. Celui-ci réagit alors en baissant la tête, et les bois s'entremêlent. Ensuite, les deux daims se poussent et se heurtent jusqu'à ce que le plus faible s'enfuie.

Pendant la croissance, la ramure du cerf rouge est recouverte d'une membrane fortement vascularisée.

La ramure, telle celle que portent par exemple les chevreuils et les cerfs, tombe chaque année en automne et repousse complètement pendant l'hiver, recouverte d'une membrane vascularisée. La plupart du temps, elle est nettement plus grande que la précédente. En revanche, les cornes sont constituées d'une cheville osseuse entourée d'une gaine. Elles poussent toute l'année et ne tombent jamais. Les bœufs et les chèvres appartiennent aux cavicornes.

!

Les femelles se battent-elles aussi entre elles ?

Comme elles ne portent pas de bois, il n'y a pas de luttes, mais des conflits se produisent tout de même, comme chez les mâles. Les femelles se mordent ou s'attrapent l'une l'autre. Pour défendre son petit, la femelle attaque aussi avec ses pattes avant.

Quand les sangliers se servent-ils de leurs défenses ?

À la période du rut, les sangliers se battent avec acharnement contre leurs rivaux pour les femelles. Pour cela, leurs canines allongées en forme de défenses leur servent d'arme. Pour que ces combats n'aient pas une issue mortelle, les sangliers développent avant le rut en guise de bouclier un épais tissu cartilagineux sous la peau, sur les côtés de la poitrine et des épaules.

Qu'est-ce qu'un marcassin ?

C'est ainsi que l'on appelle le petit d'un sanglier tant qu'il porte son pelage rayé. En cas de danger, les marcassins restent sans bouger dans la végétation épaisse et sont remarquablement bien camouflés grâce aux rayures de leur robe.

Chez les sangliers adultes, les canines sont transformées en longues défenses.

Le mouflon est un ancêtre du mouton. Pendant la période de rut, en automne, les mâles rivalisent pour conquérir les femelles. Lors des combats ritualisés, ils se précipitent l'un sur l'autre avec leurs cornes.

Depuis quand le mouflon vit-il en Europe Centrale ?

À l'origine, le mouflon vivait uniquement dans les montagnes de Sardaigne, de Corse et de Chypre. Pour ses jolies cornes enroulées, il a été implanté au XVIIIe siècle en Europe centrale dans des forêts mixtes et de feuillus de certaines montagnes moyennes et dans la lande de Luneboug.

Comment s'appelle le pendant européen du bison d'Amérique?

C'est le bison bonasus, qui existait autrefois dans les forêts de toute l'Europe. Au début du XXe siècle cependant, le bison bonasus sauvage a été exterminé. Grâce à l'élevage de ceux qui vivaient dans des zoos et des réserves, l'espèce a pu être préservée et une petite population a été réimplantée en Pologne.

Où vivent les muntjacs chinois ?

Cette espèce de cerf vit bien cachée dans des forêts de feuillus riches en sous-bois. En dehors des herbes, des fruits et des feuilles, ils consomment aussi des charognes. Ce sont d'habiles chasseurs qui abattent les oiseaux couvant sur le sol et les petits mammifères. Pour cela, ils tuent les bêtes en leur donnant de violents coups de leurs pattes avant ou les saisissent avec leurs canines en forme de défenses. L'espèce a été implantée en Angleterre.

Le signe particulier du blaireau est le dessin noir et blanc sur sa tête. Malgré son allure lourde, il peut courir très vite et creuser à merveille.

Qui appelle-t-on aussi « Grimbart » ?

C'est le nom que porte le blaireau dans le Roman de Renart. Il vit dans des terriers parfois gigantesques qu'il creuse lui-même avec ses puissantes pattes antérieures aux longues griffes. Ces terriers sont souvent occupés par plusieurs générations. Il arrive que le renard y vive aussi comme colocataire.

Le renard a-t-il partout la même apparence ?

Tout le monde reconnaît le renard à son museau pointu, ses oreilles hardiment dressées, sa queue touffue. Mais la couleur de sa fourrure varie pourtant dans son vaste habitat qui s'étend dans toute l'Europe, en Asie, sauf dans le sud, en Afrique du Nord ainsi que dans presque toute l'Amérique du Nord. Le renard roux est l'espèce la plus courante, mais son pelage peut varier du beige brun au roux vif. Le renard polaire est blanc en hiver, brun en été. Le renard charbonnier a une fourrure très sombre. Le renard argenté est très prisé pour sa fourrure noire tachetée de blanc.

Renard ou rapace : à quoi reconnaît-on le coupable ?

Tandis que les rapaces tirent chaque plume avec leur bec en laissant une blessure, le renard arrache les plumes, auxquelles il manque alors la partie inférieure du tuyau. Les martres ou les chats procèdent de la même manière.

Les renards ont une large palette de nourriture. À part les petits mammifères, ils capturent des oiseaux, des poissons ou des insectes et en automne, ils consomment aussi des baies, des fruits et des champignons.

Est-ce que le raton laveur s'appelle ainsi parce qu'il se lave ?

Non, son nom vient de la constatation qu'en captivité, les ratons laveurs plongent leur nourriture dans l'eau avant de la manger. Dans la nature, ils cherchent le plus souvent leur pitance dans l'eau. On suppose que laver leur nourriture remplace le comportement naturel qui ne peut avoir lieu en captivité puisque les ratons laveurs sont le plus souvent nourris sur le sol.

Comment le raton laveur est-il arrivé jusqu'à nous ?

Le raton laveur est élevé dans des fermes pour sa fourrure. Dans les années 1930, deux couples ont été implantés au nord de la Hesse, et d'autres couples ont suivi pendant la Seconde Guerre mondiale. Aujourd'hui, le raton laveur s'est répandu en Allemagne et vit partout jusque sur les côtes et dans les Alpes. Il a aussi été aperçu en France ainsi qu'en Hollande.

Comment le chien viverrin supporte-t-il l'hiver ?

Le chien viverrin est le seul membre de la famille des canidés qui hiberne de novembre à février. Il se retire dans une grotte protégée sous les arbres, dans la terre ou sous des racines. En automne, en se nourrissant de fruits, de baies et de graines, ils se constituent une couche de graisse pour pouvoir supporter la saison froide.

Les ratons laveurs, qui vivaient à l'origine en Asie de l'Est, ont été implantés en Europe de l'Est pour leur fourrure épaisse et chaude. À partir de là, ils ont pénétré jusqu'en Europe Centrale.

Bien qu'il soit vraiment lourd, le raton laveur saute avec agilité dans les branchages. À côté des baies et des fruits, il se nourrit d'invertébrés et de petits animaux qui vivent dans l'eau.

Quelle est la particularité du siciste de bouleau ?

Les rongeurs ont à la lèvre supérieure une fente verticale qui découvre les dents quand ils rongent. Le siciste de bouleau est le seul rongeur européen qui n'a pas de bec-de-lièvre.

Quand l'écureuil se sert-il de sa queue ?

L'écureuil peut grimper d'une façon extraordinaire, montant et descendant tête en avant sur les troncs des arbres. Souvent, dans la cime, il saute de branche en branche. Pour ne pas manquer sa cible, il se sert de sa queue comme gouvernail. Pour ne pas tomber aussitôt par terre quand il saute, sa queue fait aussi office de parachute.

La couleur de l'écureuil est-elle adaptée à son habitat ?

On rencontre des écureuils de couleurs différentes, qui peuvent aller du brun noir au brun rouge clair. On peut effectivement constater que certains types de fourrure dominent dans un habitat déterminé. Dans les forêts d'épineux, les écureuils foncés sont plus courants, tandis que les tons brun rouge clair sont majoritaires dans les forêts de feuillus et les parcs. Tous les écureuils ont en commun leur ventre clair.

Comment les écureuils gris mâles séduisent-ils les femelles ?

Tous deux sont des solitaires qui doivent d'abord s'habituer l'un à l'autre avant la période d'accouplement. Le mâle poursuit la femelle en poussant à travers les cimes des arbres des cris aigus qui ressemblent à ceux des jeunes écureuils. En même temps il lève et baisse sa queue touffue. Si la femelle est trop rapide, elle s'arrête et laisse le mâle s'approcher, puis elle se sauve. Au bout d'un moment, elle s'arrête et accepte l'accouplement.

Pour la manger, l'écureuil tient une noisette entre ses pattes antérieures et ronge un petit trou. Puis il se sert de ses incisives et fait sauter des morceaux de coque jusqu'à ce qu'il arrive au fruit délicieux.

Comment les muscardins retrouvent-ils leur nid dans la nuit ?

Les muscardins construisent avec art des nids en forme de boules faits d'herbes sèches dans des buissons et des arbustes. Pendant la nuit, ils vont à la recherche de bourgeons, de baies, de graines et de jeunes pousses. Ils déposent régulièrement quelques gouttes d'urine sur le dessous de leurs pattes et laissent ainsi une odeur qui leur permet de retrouver leur nid.

D'où vient l'expression « dormir comme un loir » ?

Dès l'automne, après les premières gelées nocturnes, le loir se terre dans le sol jusqu'à un mètre de profondeur pour dormir pendant toute la saison hivernale, froide et dépourvue de nourriture. Le loir se met en boule dans son nid et pose sa queue touffue sur sa tête. Lorsqu'il se réveille, au mois de mai ou en juin, le loir a parfois dormi pendant sept mois.

Pourquoi le mulot sylvestre s'appelle-t-il parfois souris sauteuse ?

Les mulots sylvestres, animaux nocturnes, figurent au menu des renards, des blaireaux, des hulottes et des hiboux. S'ils se sont dressés et qu'ils ont détecté un ennemi grâce à leurs moustaches vibratiles, ils s'enfuient en sautant seulement sur les pattes arrière. Ils peuvent faire des bonds de 80 centimètres.

Les grands yeux noirs tout ronds, les grandes oreilles et le petit museau pointu font du mulot sylvestre une vraie souris.

Comme les muscardins, les lérots et les lérotins, le loir appartient aux hibernants. Ce groupe de rongeurs passe l'hiver dans un long sommeil.

Comment naissent les jeunes noctules communes ?

Les femelles de cette espèce de chauves-souris mettent leurs petits au monde en été. À cette période, elles vivent dans des creux d'arbres ou des nichoirs. Pour la naissance, la femelle s'accroche avec la tête vers le haut, elle replie la membrane de vol de sa queue sur son ventre et forme ainsi une poche dans laquelle le petit est rattrapé. Il s'agrippe fermement à la fourrure de sa mère et cherche une mamelle.

Comment dorment les chauves-souris ?

En été, les chauves-souris sont éveillées pendant la nuit et chassent la plupart du temps des insectes volants. Pendant le jour, elle dort dans des creux d'arbres, des grottes, des greniers, des bâtiments ou des nichoirs. Pour cela, elle s'accroche dans des fissures du plafond avec les griffes de ses pattes arrière et enveloppe son corps avec son patagium, sa membrane de vol, comme un manteau.

Quels sont les marsupiaux les plus répandus en Amérique du Nord ?

Malgré la concurrence de mammifères plus élevés, l'opossum de Virginie s'est répandu d'Amérique du Sud jusqu'au Canada. La clé de sa réussite : sa capacité d'adaptation. Il a une large palette de nourriture et occupe une grande variété d'habitats. De plus, il est très fécond. À chaque portée, il peut y avoir jusqu'à 18 petits, et les femelles peuvent déjà avoir elles-mêmes des petits vers l'âge de 7 mois.

La couleur de la fourrure de l'opossum de Virginie varie du blanc en passant par le crème jusqu'au brun et noir. Les oreilles, des formations membraneuses, se replient quand il dort et elles sont toujours foncées.

Comment un opossum se défend-il ?

D'abord, il menace son ennemi avec sa gueule largement ouverte munie d'environ 50 dents acérées. Si cela ne sert à rien, il fait le mort. Les yeux ouverts, la langue pendante, il reste allongé sur le côté sans bouger et attend un moment favorable pour s'échapper.

Quel est le galéopithèque qui vole le mieux ?

C'est le dermoptère asiatique ou colugos. Il possède des membranes de vol entre les pattes avant et les pattes arrière ainsi qu'entre les pattes arrière et la queue. En planant il peut parcourir une distance de 150 mètres.

Quelle est la particularité de la cynoptère ?

La tête au museau proéminent de la cynoptère rappelle celle d'un chien. Il existe environ 170 espèces de cynoptères dans les îles du Pacifique, en Asie du Sud-Est, en Afrique et en Australie. C'est un animal nocturne.

Toutes les chauves-souris se nourrissent-elles d'insectes ?

Non, les cynoptères mangent également des fruits qu'elles trouvent grâce à leur flair et à leur bonne vue. Elles voient même mieux que les effraies. Tandis que ces dernières possèdent dans chaque œil 400 000 cellules réceptrices par millimètre carré, les scientifiques en ont compté plus de 670 000 chez les cynoptères.

Le siamang est la plus grande espèce de gibbon. Debout, il peut mesurer un mètre. Il séjourne le plus souvent dans les arbres.

Existe-t-il vraiment des vampires ?

Dans les régions tropicales d'Amérique centrale et du Sud vivent trois espèces de chauves-souris qui se nourrissent du sang de vertébrés à sang chaud. Elles arrachent la peau des bêtes endormies avec leurs dents aiguisées et lèchent le sang qui coule.

Qu'est-ce qu'un hypsignate ?

Cette espèce de chauve-souris d'Afrique de l'Ouest est la seule à posséder des lieux d'accouplement en haut des arbres. Jusqu'à 100 mâles peuvent s'y rassembler dans un concert de glapissements bruyants. L'hypsignate a un museau particulièrement énorme.

Pourquoi les mandrills ont-ils le museau bleu ?

Les mandrills vivent en groupes familiaux dans la forêt tropicale. Sur l'ènorme tête des mâles adultes, le dessus du nez et les narines sont d'un rouge intense, les côtés du nez sont bleus. Cette couleur provient du reflet de la proportion de bleue des rayons du soleil sur les minuscules structures protidiques de sa peau.

Existe-t-il des singes chanteurs ?

Oui, le siamang, qui vit dans les forêts équatoriales de Sumatra et appartient à la famille des gibbons. Ils vivent en groupes familiaux qui marquent leurs territoires de nourriture et chantent. Les couples chantent si bien en duos que c'est seulement avec des appareils d'enregistrement spéciaux que l'on entend quand l'un s'arrête de chanter et que l'autre commence. Les poches sises de chaque côte du larynx se remplissent d'air quand il chante fort.

Comment vivent les gibbons à mains blanches ?

Les gibbons à mains blanches, également appelés lars, vivent en groupes familiaux consistant en un couple avec ses petits, bébés et adolescents. Ils marquent leur territoire en chantant et le défendent contre les couples voisins. Ils connaissent parfaitement leur territoire et savent précisément à quel moment tel arbre porte des fruits.

La chauve-souris vampire, qui fait partie des phyllostomides, se nourrit d'une façon inhabituelle. Comme son nom le laisse supposer, elle aspire vraiment du sang.

Le mandrill est un habitant de la forêt tropicale. Les mâles, identifiables au dessin coloré de la tête, atteignent la taille d'un saint-bernard.

Les singes araignées utilisent leur queue comme une cinquième main. Ils s'accrochent dans les arbres en gardant les membres libres pour manger ou chercher un nouvel appui.

Comment se comportent les singes araignées vis-à-vis de leurs ennemis ?

Dès que les singes araignées ont aperçu un ennemi, les mâles s'approchent à une dizaine de mètres de lui tout en poussant des sortes d'aboiements. Puis ils se mettent à remuer violemment avec les mains les branches sur lesquelles ils sont perchés. De temps en temps, ils s'accrochent avec leur queue à une branche qu'ils tirent ensuite avec leurs mains et leurs pieds. En outre, ils cassent des branches qu'ils jettent sur l'ennemi.

Qui sont les animaux les plus bruyants d'Amazonie ?

Ce sont les singes hurleurs qui détiennent ce record. Même dans la forêt la plus épaisse, leurs cris peuvent s'entendre à plus d'un kilomètre. Ils atteignent ce volume sonore en expulsant l'air à travers leur larynx creux et agrandi. Étant donné que l'os hyoïde des mâles est grossi comme une caisse de résonance, ils peuvent crier plus fort que les femelles.

Quels sont les seuls primates qui ne possèdent pas de longue queue ?

Les ouakaris n'ont qu'une queue courte et touffue. La tête nue de ces singes se colore selon leur humeur, allant du rose au rouge vif. Les mâles ouakaris, imposants, hurlent et dansent sur les branches.

Quelle est la particularité du tamarin à moustaches ?

Le signe particulier est sa longue moustache blanche qui resplendit sur la tête sombre. Sa longue queue se détache aussi par sa couleur rouille du reste de sa fourrure vraiment foncée. Aux doigts, les tamarins n'ont pas d'ongles, mais des griffes, ce qui fait qu'ils sont classés dans la famille des callitrichidés.

Qu'est-ce qui distingue les colobes des autres singes ?

Tous les colobes d'Afrique sont dépourvus de pouces, qui ont été atrophiés à cause de leur mode de déplacement consistant à se suspendre dans la cime des arbres. Le guereza fait partie des colobes.

Le cercopithèque à diadème vit dans les zones supérieures des arbres de la jungle en Afrique de l'Ouest. Il parcourt de grandes distances en grimpant à la recherche de fruits mûrs.

Les guerezas portent sur les côtés du corps une fourrure blanche qui retombe sur leur fourrure noire comme une cape.

Comment les guerezas digèrent-ils les feuilles dont ils se nourrissent ?

Les guerezas se nourrissent essentiellement de feuilles qui, en cas d'abondance, peuvent représenter environ 17 % de leur poids après un repas. Pour digérer la cellulose, ils dépendent du concours de bactéries. Pour cela, les guerezas possèdent un estomac divisé en plusieurs parties, semblable à celui des ruminants, avec une poche de fermentation. C'est là que les bactéries décomposent la cellulose.

Comment le semnopithèque de Nilgiri parvient-il à franchir une longue distance dans un arbre ?

Il saute. D'abord, il se balance sur une branche, puis il se précipite la tête en avant en direction de l'autre branche. Avec sa queue, il dirige le bond. En sautant, il tend les bras et les jambes vers l'avant et il atterrit alors en toute sécurité sur la branche plus basse de l'arbre voisin.

D'où vient le nom du macaque à queue de cochon ?

Le macaque à queue de cochon appartient au groupe des guenons, et il doit son nom à sa courte queue qu'il porte le plus souvent enroulée vers le haut.

Comment le cercopithèque à diadème défend-il son territoire ?

Les cercopithèques à diadème vivent dans des groupes qui peuvent comprendre jusqu'à 40 bêtes, avec un mâle adulte pour chef. Ces animaux défendent leur territoire contre leurs congénères en lançant des appels à basse fréquence qui traversent bien le feuillage. L'attitude menaçante du mâle qui s'ajoute à son appel suffit pour qu'il n'y ait pas d'autres conflits.

Comment le cercopithèque à diadème se rend-il menaçant ?

Les cercopithèques à diadème vivent dans les cimes des arbres tropicaux. Chaque groupe défend son territoire contre les autres groupes. Pour cela, ils utilisent surtout la couleur de leur arrière-train. Ils s'accrochent à une branche et présentent le rouge orangé vif de leur cuisse. En même temps, ils regardent l'intrus par-dessus leur ventre.

On remarque chez les singes un comportement particulier, l'« épouillage ». Il s'agit des soins qu'ils s'apportent réciproquement pour nettoyer leur fourrure à des endroits du corps qu'ils ne peuvent atteindre eux-mêmes. Ils se servent alors de leurs doigts comme de leurs dents. Chaque poil est examiné minutieusement. Ce comportement social vise à éloigner les parasites et la saleté, à récompenser ou à calmer et tranquilliser un animal qui est souvent d'un rang supérieur. C'est aussi un signe d'attirance.

De quoi se nourrissent les gorilles ?

Ce sont les seuls singes anthropoïdes se nourrissant exclusivement de plantes. On connaît plus de 100 plantes différentes dont ils mangent les feuilles, bourgeons, fruits, graines, jeunes pousses ou racines. Seuls les jeunes ou les femelles atteignent la nourriture en haut des arbres parce qu'ils sont assez légers pour grimper. Les mâles, pouvant atteindre 200 kilos, en sont pour leurs frais.

Qu'est-ce qu'un dos argenté ?

C'est le nom donné au chef d'un groupe de gorille, un mâle fort et plus âgé qui présente sur le dos une fourrure gris argenté. De plus, sa tête est caractérisée par des muscles masticateurs et un cou puissants, ainsi qu'un collier fortement marqué sur le crâne et l'arrière de la tête.

Où vivent les orangs-outangs ?

Exclusivement à Sumatra et Bornéo. De tous les singes anthropoïdes, ce sont les mieux adaptés à la vie dans les arbres. Ce n'est que rarement qu'ils descendent sur le sol, ils se suspendent même pour boire. Aux mains comme aux pieds, ils ont des pouces mobiles pour pouvoir enserrer correctement les branches. Leurs très longs bras les aident à se déplacer en suspension. Ils ne peuvent pas sauter à cause de leur poids.

Les indigènes d'Asie du Sud-Ouest prenaient ces grands singes pour des hommes des forêts, « orangs outangs » en malaisien.

Il existe deux sous-espèces du gorille : le gorille commun, qui habite la forêt tropicale jusqu'à 1 500 mètres d'altitude, et le gorille de montagne, qui vit jusqu'à plus de 4 000 mètres.

Les chimpanzés vivent en groupes avec un ordre hiérarchique. Les mâles règlent cette hiérarchie en prenant des airs imposants accompagnés de hurlements, de tambourinements bruyants ou de frappements de bâtons.

Comment les chimpanzés communiquent-ils entre eux ?

Par des gestes et des appels. Mais c'est leur mimique qui est particulièrement expressive. Il existe une mimique de jeu, avec laquelle ils invitent des congénères à jouer, une mimique d'apaisement face à un supérieur hiérarchique ou une mimique de demande. La bouche entrouverte et les dents serrées, ils manifestent de la peur, et les poils hérissés montrent leur envie d'attaquer.

De quoi vivent les chimpanzés ?

Les chimpanzés sont essentiellement des mangeurs de plantes, surtout de fruits, mais ils ne dédaignent pas la viande. De temps en temps, les mâles chassent et tuent aussi de petits mammifères.

Comment se différencient les chimpanzés et les bonobos ?

Les bonobos sont aussi appelés chimpanzés pygmées. La différence essentielle est dans la structure sociale. Tandis que chez les chimpanzés, c'est un mâle qui dirige le groupe et que les mâles dominent, les bonobos ont instauré le matriarcat. Entre eux, les bonobos sont beaucoup plus paisibles que les chimpanzés, une conséquence de la sexualité fortement développée grâce à laquelle tous les conflits sont contenus.

Comment les agoutis se sont-ils adaptés à la vie dans d'épais sous-bois ?

Ils ont une silhouette cunéiforme. Du côté de la tête, un agouti est étroit et bas ; vers la queue, il devient plus large et plus haut car ses pattes arrière sont plus longues et plus puissantes que ses pattes avant. En cas de danger, ils s'enfuient aussitôt dans les fourrés. Ce sont des rongeurs d'Amérique du Sud.

Quelle taille atteignent les sunis ?

Le suni fait partie des plus petits ruminants. Sa hauteur maximale au garrot est de 38 centimètres. Seuls les mâles portent des cornes pouvant atteindre 13 centimètres.

Quand l'ours malais découvre un nid d'abeilles, il lèche les abeilles et le miel dans les rayons avec sa longue langue.

Quelle espèce de cerf le tigre préfère-t-il ?

C'est le sambar indien. Cette espèce est le plus grand cerf d'Asie du Sud. Celui-ci a pour caractéristiques un pelage hirsute et une petite crinière. La longue queue du sambar indien ressemble à celle d'un cheval.

Quelle est la différence entre les éléphants d'Afrique et ceux d'Asie ?

L'éléphant d'Asie est plus petit et possède de plus petites oreilles. Sa tête est garnie de deux bosses frontales, son dos fortement voûté et sa peau plus lisse. Sa trompe n'a qu'une pointe, celle de l'Africain en a deux.

Les éléphants d'Asie vivent en troupeaux comme leurs parents africains. Il existe aussi bien des troupeaux mixtes que des troupeaux de femelles avec leurs petits et des troupeaux de mâles.

À quoi servent les défenses de l'éléphant d'Asie ?

Les éléphants utilisent leurs défenses comme outil ou comme arme. Ils plient les arbres pour atteindre les branches et les feuilles, ou déterrent des racines.

Qui fait partie des rhinocéros ?

Seuls quelques rares exemplaires de rhinocéros de Sumatra et de Java habitent encore les forêts tropicales marécageuses de l'Asie du Sud-Ouest et des Grandes Îles de la Sonde. Dans la plupart des régions, ils cohabitent, le rhinocéros de Sumatra vivant plutôt dans les montagnes et l'espèce sœur dans les vastes plaines.

Quel ours se comporte comme un singe araignée ?

Le kinkajou, animal nocturne, habite les cimes des hauts arbres de la forêt vierge d'Amérique centrale et du Sud. Pour chercher des fruits sucrés et du miel, le kinkajou grimpe et cabriole au sommet des arbres en s'aidant de sa longue queue. Celle-ci lui permet de grimper et de s'accrocher, de garder l'équilibre où elle lui sert de cinquième membre. Il peut se suspendre à sa queue comme à une corde.

Pourquoi l'ours malais a-t-il besoin de longues griffes ?

L'ours malais ou ours des cocotiers possède aux quatre pattes des griffes très longues qui lui servent de crampons quand il grimpe aux arbres. Pendant la journée, il dort en haut des arbres, mais c'est là qu'il trouve aussi des fruits et des jeunes pousses, sa nourriture principale. Mais il attrape également des insectes et de petits vertébrés. Avec les griffes, il dégage des nids d'abeilles car l'ours, gourmand, aime le miel. Il éventre aussi des termitières et se régale des insectes.

La lèvre supérieure du rhinocéros de Sumatra est transformée en organe de préhension avec lequel l'animal peut arracher des feuilles et des branches, saisir des lianes et des sous-arbrisseaux et ramasser des fruits sur le sol.

Grâce à son pelage rayé, le tigre est bien camouflé dans les hautes herbes ou les buissons où ses contours se fondent.

Le tigre craint-il l'eau ?

Non, il sait même très bien nager et plonger et, en cas de forte chaleur, il reste souvent dans l'eau pendant des heures. Il pourchasse aussi sa proie, comme le sambar, jusque dans l'eau où, souvent, il la maîtrise.

Où vit la panthère nébuleuse ?

On sait peu de chose sur ce félin au joli pelage. Elle est active au crépuscule et pendant la nuit, et elle dort pendant la journée en haut des arbres. Pour chasser, la panthère nébuleuse saute avec agilité par-dessus les branches et se sert de sa queue comme balancier et comme gouvernail. Avec le margay, ou chat-tigre, elle est le seul félin qui peut aussi descendre des arbres la tête en bas.

Comment les jaguars se reproduisent-ils ?

À la période de reproduction, les félins abandonnent leur vie solitaire. Un mâle prêt à s'accoupler attire une femelle en lançant des appels bruyants. Après l'accouplement, ils se séparent de nouveau. L'élevage des petits incombe à la femelle. Ceux-ci naissent peu développés, mais ils ouvrent déjà les yeux au bout de 14 jours. À 5 ou 6 mois, ils sont sevrés. Pour se familiariser avec toutes les finesses de la chasse, les jeunes accompagnent leur mère pendant deux ans.

Pourquoi le tapir à chabraque a-t-il un si curieux motif ?

Son nom vient de la selle claire qui contraste vivement sur l'animal de couleur foncée. Ce qui frappe chez l'animal en arrêt se transforme en camouflage chez l'animal en mouvement. Le tapir se confond alors avec son environnement.

Pourquoi le tapir a-t-il besoin de sa trompe ?

La lèvre supérieure du tapir est allongée comme la trompe des éléphants. Elle est ainsi remarquablement adaptée pour attraper la nourriture et renifler le sol.

Les tapirs sont des périssodactyles, c'est-à-dire des ongulés qui possèdent un nombre impair de doigts. Mais tandis que le zèbre n'en a qu'un, le tapir et le rhinocéros en ont trois.

Quelle est la particularité des pécaris ?

Avec la sécrétion d'une glande dorsale, les pécaris marquent les limites de leur territoire et les signalent à d'autres troupeaux. Le pécari à barbe blanche est le seul qui ne défend pas de territoire ; il vit dans des troupeaux pouvant compter jusqu'à 300 bêtes.

Comment le paresseux se camoufle-t-il ?

Les paresseux restent suspendus longtemps sans bouger à une branche. Dans leur fourrure, à l'intérieur d'un sillon entre les poils, poussent des algues qui leur donnent une couleur verdâtre et les camouflent à merveille. Signe d'adaptation à leur mode de vie en suspension, ce sont les seuls animaux qui ont une raie sur la fourrure de leur ventre.

Les paresseux sont si « rapides » qu'ils parcourent au maximum 2 mètres en une minute. Beaucoup de leurs ennemis étant en mouvement, les paresseux se camouflent de cette façon.

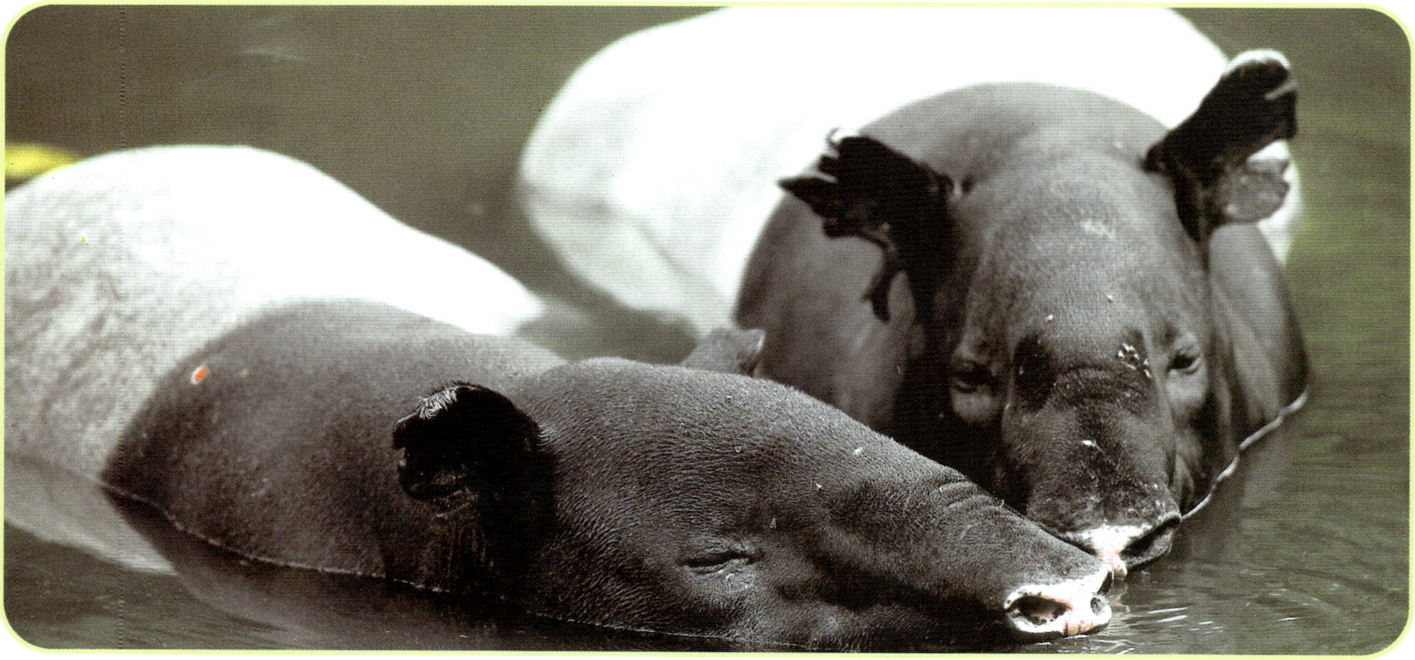

Eau

Presque les deux tiers de notre planète sont couverts d'eau. Avec une superficie d'environ 360 millions de kilomètres carrés et une profondeur qui, dans la fosse des Mariannes, atteint même plus de 11 kilomètres, les mers représentent ainsi le plus grand habitat continu de la terre. Dans cet espace incommensurable ne vivent pourtant que quelques mammifères. Les baleines et les dauphins qui, avec leur forme fuselée, ressemblent beaucoup aux poissons, vivent toujours dans la mer, tout comme les vaches de mer, ou lamantins. Les phoques en revanche, qui sont également des mammifères, rejoignent la terre ferme pour se reproduire et pour la mue.

La baleine à bosse se caractérise par une rangée de tubercules sur les mâchoires supérieure et inférieure, où se logent souvent des balanes.

Quel est le plus gros animal de la terre ?

La baleine bleue peut atteindre 30 mètres de long et peut atteindre un poids de 150 tonnes. Cela équivaut environ à 30 éléphants. Dès sa naissance, le baleineau mesure 7 mètres de long et pèse de 2 à 3 tonnes. Au bout de 6 mois, grâce au lait maternel extrêmement nourrissant, son poids à plus que décuplé. Il grossit d'environ 100 kilos par jour.

Où se situe le nez de la baleine bleue ?

Il correspond à l'évent situé sur le dessus de la tête. Pour respirer, la baleine bleue doit regagner la surface. Après avoir rejeté l'air sous forme de nuage de vapeur ou de jet d'eau, elle inspire.

Qu'est-ce qu'un souffle ?

C'est l'air expiré par l'évent situé sur la tête des baleines, quand elles émergent à la surface. L'espèce de la baleine est déterminée à la forme du souffle quand le vent est calme. Seul le cachalot projette l'eau selon un angle de 45°, alors que le jet est à la verticale chez toutes les autres baleines.

Pourquoi la baleine à bosse saute-elle hors de l'eau ?

On suppose que, grâce au frottement provoqué quand elle traverse la surface de l'eau, elle veut éloigner de sa peau des parasites comme les balanes ou les poux de mer.

Les baleines bleues se déplacent le plus souvent seules, à deux ou à trois à travers les mers. Le plus gros animal de la terre se nourrit de petits crustacés d'environ 6 centimètres.

Pourquoi les baleines à bosse chantent-elles ?

Parmi toutes les baleines, les baleines à bosse mâles sont celles qui chantent le plus longtemps et avec le plus de variations vocales. Leur chant a une structure individuelle et une succession déterminée de thèmes, de phrases et de motifs. Les chercheurs pensent que les mâles veulent ainsi attirer les femelles. Les chants retentissent très loin, on peut encore percevoir certains sons à 200 km de distance.

Qui est le « canari » des mers ?

C'est la baleine blanche, ou béluga, qui peut atteindre 5 mètres de long. Ces animaux entonnent surtout leurs chants, qui consistent en sifflements et en grognements, à la période de la mue en été.

De quoi se nourrissent les cétacés ?

On distingue deux groupes : les cétacés à fanons et à dents. Les cétacés à dents comme les dauphins ou les orques chassent d'autres animaux comme des poissons, des seiches ou des phoques. Ils ont une vraie dentition avec de petites dents coniques. La baleine à fanons comme la baleine bleue ou la baleine à bosse filtre en revanche des petits animaux marins à l'aide de lames cornées garnies de franges de chaque côté de la mâchoire supérieure.

Qui porte le nom légendaire de « licorne » ?

C'est le narval. Sa « corne » est l'incisive gauche de la mâchoire supérieure qui est plus longue, pousse tout droit en avant et passe à travers la lèvre supérieure. La dent droite pousse le plus souvent normalement. La corne, que seuls les mâles possèdent, est creuse et, de l'extérieur, elle ressemble à une vrille. Elle peut atteindre 2 mètres de long.

Comment naissent les baleineaux ?

Tous les baleineaux naissent sous l'eau. Ils quittent le corps de la mère avec la nageoire caudale orientée vers l'avant. Pour prendre son premier souffle, le bébé doit tout de suite remonter à la surface. S'il ne le fait pas volontairement, c'est sa mère ou, chez certaines baleines, d'autres femelles, les « tantes », qui l'entraînent.

Les baleines grises mesurent en moyenne 14 mètres de long, les bêtes les plus lourdes pèsent 35 tonnes. Elles ne possèdent pas d'aileron.

Comment sont les nageoires de la baleine ?

La nageoire caudale de la baleine est horizontale et son dessin, propre à chaque individu, permet de l'identifier. Grâce à la position horizontale de cette nageoire, les baleines et les dauphins peuvent plonger et remonter à la surface en l'agitant de haut en bas. La baleine a aussi deux nageoires pectorales ainsi qu'un aileron dorsal. Contrairement aux poissons, ces nageoires ne contiennent pas d'éléments osseux mais sont constituées de tissu conjonctif.

Qui tient le record de distance lors des migrations ?

Parmi les mammifères, ce sont les baleines grises. Elles quittent à l'automne des zones riches en nourriture de l'Alaska pour se déplacer vers des régions plus douces en Basse-Californie, au Mexique, où elles donnent naissance à leurs petits. En début d'année, elles font le trajet inverse. Elles parcourent à nouveau une distance d'environ 20 000 kilomètres.

De quoi se nourrissent les baleines grises ?

Ce sont les seules baleines qui se nourrissent exclusivement d'organismes vivant dans le sol. Avec leur énorme bouche munie de fanons semblables à des crins, elles fouillent les fonds marins à la recherche de petits crustacés, de vers et d'invertébrés. Elles ramassent aussi de petits organismes sur les grandes algues (le kelp).

Quelles sont les caractéristiques de la baleine franche ?

Les baleines franches sautent souvent hors de l'eau et battent la surface avec leurs nageoires pectorales. Lorsqu'elles plongent, on remarque leur nageoire caudale émerger complètement à la verticale. Leur ventre est lisse, sans sillons. La baleine franche possède une tache blanche caractéristique sur le menton. De nombreux crustacés parasites se fixent aux callosités de sa gueule.

À quoi servent les nombreux sillons du rorqual commun ?

Contrairement à la baleine franche, le rorqual est sillonné de la gorge au nombril de plis de peau extensibles. Cela est en rapport avec leur nourriture. Quand ils attrapent leur pitance, ils puisent de grandes quantités d'eau qu'ils repoussent avec la langue à travers les fanons. La quantité d'eau ne peut être contenue dans leur bouche que parce que leur gorge est fortement extensible. Le sac de peau ne les gêne pas pour nager. La baleine bleue ou la baleine à bosse ont elles aussi des sillons.

Pourquoi l'orque est-elle aussi appelée « baleine tueuse » ?

Les orques sont des prédateurs agressifs, qui ne vivent pas seulement de poissons ou de seiches, mais attaquent aussi de gigantesques baleines quand elles chassent en groupe. Elles attrapent les phoques en faisant basculer les blocs de glace ou bien bondissent sur la terre ferme, où elles saisissent l'animal avant de regagner la mer. On a trouvé dans l'estomac d'un cadavre d'orque les restes de 30 phoques.

L'orque porte sur le dos un long aileron dressé tout droit.

Jusqu'à quelle profondeur les cachalots peuvent-ils plonger ?

Le plus souvent jusqu'à 1 200 mètres de profondeur, parfois 3 000 ; ils détiennent ainsi le record de plongée. On le sait parce qu'un cachalot s'était pris dans un câble sous-marin. À cette profondeur, ils chassent entre autres des seiches géantes, comme des examens de l'estomac ont pu le montrer. Directement sur le fond de la mer, ils chassent des poissons et des crustacés.

Avec environ 20 mètres de long et un poids de 45 tonnes, le cachalot est le plus grand cétacé à dents. Il a une grosse tête presque carrée.

Les baleines pilotes sont reconnaissables à leurs nageoires caractéristiques, en forme de crochet, situées sur le devant de la moitié supérieure du corps.

À quoi sert le melon ?

Le melon est une masse de tissu adipeux sur le front des baleines à dents, dont la forme peut être modifiée avec des muscles spéciaux. On ne sait pas précisément quelle est sa fonction. Mais on suppose qu'il a une relation avec la capacité de beaucoup de baleines et de dauphins à s'orienter par ultrasons. Le melon rend la tête de la baleine pilote particulièrement volumineuse.

À quelle espèce de dauphin appartient Flipper, star de la télévision ?

Flipper était un grand dauphin. Cette espèce habite dans le monde entier les eaux côtières des mers chaudes et tempérées et vit aussi dans la mer du Nord ou la Méditerranée. Parmi les dauphins qui montrent leurs prouesses dans des delphinariums ou des zoos, beaucoup sont de grands dauphins.

Est-il vrai que les dauphins s'entraident ?

Les observations des grands dauphins ont montré qu'effectivement, les dauphins s'entraident. Ils soutiennent un animal malade ou blessé et le portent à la surface pour qu'il puisse respirer. De la même manière, ils ont déjà sauvé des hommes de la noyade.

Qu'est-ce que le bec de certains dauphins ?

Parmi les cétacés à dents, il existe quelques dauphins dotés d'une mâchoire allongée que l'on appelle un bec. Selon l'espèce, le bec peut être garni de 100 à 200 dents. Le dauphin commun a un bec particulièrement large, avec 40 à 50 dents de chaque côté des mâchoires supérieure et inférieure. Elles sont légèrement courbées vers l'arrière pour que les dauphins puissent retenir leur butin de poissons glissants.

Qu'est-ce qui distingue le dauphin du Pacifique ?

En anglais, il s'appelle aussi spinner, d'après le verbe to spin, tourner. Cette espèce de dauphin saute hors de l'eau à la verticale en pivotant plusieurs fois sur lui-même. Comparée à d'autres, cette espèce de dauphin a aussi un bec particulièrement long.

Les éléphants de mer ne viennent sur la côte que pour la reproduction et la mue. Il en existe deux espèces : celle du nord habite le Pacifique Nord, celle du sud se trouve au nord de la bordure de la banquise de l'Antarctique.

Les dauphins sont-ils des surfeurs ?

De nombreuses espèces de dauphins ont développé un mode de déplacement qui consiste à se laisser porter par les vagues. Sans bouger, ils surfent sur les lames d'étrave des gros navires. Les grands dauphins et les dauphins à flancs blancs sont particulièrement connus pour accompagner les bateaux en chevauchant les lames d'étrave.

Comment vivent les dauphins ?

Principalement en groupes. Certaines espèces, notamment le grand dauphin, forment de très grands groupes pouvant réunir une centaine d'individus. Ces groupes de dauphins connaissent de grandes fluctuations, et les membres peuvent changer en permanence en leur sein.

Quel est le phoque qui vit dans la Méditerranée ?

Le phoque moine de Méditerranée, qui se trouve essentiellement dans sa partie orientale. Il vit la plupart du temps en haute mer et ne vient à terre que pour la reproduction.

Les éléphants de mer sont-ils apparentés aux éléphants ?

Les éléphants de mer sont des mammifères marins. Ils font partie des chiens de mer qui ne peuvent plus replier leurs pattes arrière sous leur corps et ne peuvent donc se déplacer sur la terre à quatre pattes. Ils tiennent leur nom de la forme particulière de leur museau. C'est surtout chez les mâles que le grand nez charnu a une forme de trompe, qui pend devant leur museau. À la période d'accouplement, les mâles se combattent tout en gonflant leur trompe.

Bien qu'elles sachent bien plonger et nager, les loutres de mer préfèrent se mettre sur le dos et se laisser porter par la mer.

Quels animaux marins utilisent des outils ?

La loutre de mer est une loutre qui vit dans la mer. Elle se nourrit de coquillages, d'oursins ou de crabes qu'elle recueille sur les fonds marins. Pour ouvrir ses butins à coquille épaisse, elle nage sur le dos, pose une pierre sur son ventre et frappe la coquille sur la pierre.

Les baleines à dents s'orientent dans l'eau grâce à des ultrasons, de manière comparable aux chauves-souris. Elles émettent des clics qui se réfléchissent sur des objets ou des organismes. Elles écoutent l'écho qui revient et les renseigne sur leur environnement et les proies. Les baleines peuvent focaliser les clics et les orienter de façon ciblée, mais on ne sait ni comment ni où cela se produit, et l'origine des clics est également discutée.

Les nasiques vivent en majorité dans les arbres. En cas de menace, ils sautent dans l'eau. Ils savent bien nager et aussi plonger.

Quels sont les singes qui ont le plus long nez ?

Chez les mâles des nasiques, le nez pendant en forme de cornichon mesure environ 11 centimètres de longueur. Comme ce long nez est gênant pour manger, les mâles l'écartent avec une main tandis qu'avec l'autre, ils se mettent des feuilles dans la bouche. Les femelles et les jeunes des deux sexes ont en revanche un nez en forme de trompette. Les nasiques vivent dans les forêts de mangroves de Bornéo.

Quel campagnol supporte l'eau salée ?

La souris côtière des moissons est l'un des rares rongeurs au monde qui puisse boire de l'eau saumâtre. Ces souris vivent exclusivement dans la baie de San Francisco et dans les marais salés de la côte. Leur nid en forme de boule se trouve le plus souvent dans des espaces couverts de salicorne, une plante charnue des zones côtières.

Quels ongulés sont de purs animaux aquatiques ?

Ce sont les vaches de mer qui, avec les éléphants et les damans, sont classées parmi les ongulés. Il existe deux familles, les dugongs, dont la nageoire caudale ressemble à une palette, et les lamantins, chez qui elle est divisée en deux. Ils broutent les plantes aquatiques et les algues des fleuves côtiers et des zones maritimes plates proches des côtes.

Qu'est-ce qu'un « pleurnicheur » ?

C'est un jeune phoque qui appelle sa mère, soit parce qu'elle est dans l'eau en train de chercher de la nourriture ou parce qu'il s'est égaré (chez les phoques, les jeunes suivent la mère). Ses appels sont si pitoyables qu'on appelle les petits des « pleurnicheurs ». Dans la mer des Wadden, les pleurnicheurs abandonnés sont nourris dans les stations d'élevage de phoques avant d'être remis en liberté.

Quelle est la différence entre le phoque et l'otarie ?

Les phoques font partie des chiens de mer. Ils ne peuvent pas replier leur nageoire caudale sous leur corps et doivent donc avancer sur terre en rampant sur le ventre. En outre, ils n'ont pas de pavillon d'oreille. Les otaries ont des oreilles externes, elles peuvent replier leur nageoire caudale vers l'avant et se déplacer à terre comme si elles avaient quatre membres. Les chiens de mer sont donc déjà plus adaptés à la vie dans l'eau que les otaries.

Le chien de mer est le phoque le plus courant chez nous. Il séjourne la plupart du temps à proximité des côtes. Souvent, il se repose sur de bancs de sable.

De toutes les otaries, c'est probablement l'otarie californienne qui est la plus connue par l'intermédiaire des zoos et des cirques. Les mâles deviennent beaucoup plus grands et plus lourds que les femelles.

Où vit le phoque gris ?

Cette espèce de près de 2 mètres de long vit dans les eaux côtières de l'Atlantique Nord, en Europe et en Amérique. Il existe une population isolée dans la mer Baltique. Les femelles ont le poil plus clair que les mâles.

Pourquoi les hippopotames vivent-ils dans l'eau la plupart du temps?

Ils ont une peau très fine qui brûlerait et s'assécherait très vite sous le soleil torride. C'est pourquoi ils sont le plus souvent paisibles dans l'eau. Pour pouvoir y rester en étant presque entièrement immergés, leurs yeux et leurs narines sont situés en haut de leur tête.

Les hippopotames ont du mal à nager, mais ils savent bien plonger. Sous l'eau, ils marchent sur le sol. Quand ils sont allongés dans l'eau, on ne voit plus que leurs yeux, leur nez et leurs oreilles.

Pourquoi les hippopotames bâillent-ils?

Quand, tout à coup, les hippopotames ouvrent grand leur gueule, ce n'est pas forcément pour bâiller, c'est aussi une manière de menacer un rival. Ils ont un comportement menaçant surtout à la période d'accouplement. Ils montrent leurs armes, des dents énormes avec lesquelles ils peuvent infliger de profondes blessures à leurs rivaux en cas de combat. Leur menace permet le plus souvent d'éviter ce genre de combat car le plus faible se retire.

Quelle espèce de phoque marin vit en eau douce?

Le phoque annelé vit dans les mers arctiques et subarctiques, jusque dans la mer Baltique. Différentes sous-espèces vivent dans des lacs d'eau douce comme le phoque annelé de Saimaa, dans le lac Saimaa en Finlande, ou le phoque Ladoga, dans le lac Ladoga en Russie. Probablement les phoques sont-ils restés dans ces lacs quand la mer s'est retirée de tout le territoire. Ces sous-espèces d'eau douce sont encore vraiment primitives.

Le phoque annelé de Baïkal chasse des poissons jusqu'à 300 mètres de profondeur dans le lac du même nom. Ils peuvent rester jusqu'à 20 minutes sous l'eau à chaque plongée.

Le vison d'Amérique est plus gros que son cousin, le vison d'Europe.

Quels phoques vivent en eau douce ?

Le phoque annelé de Baïkal vit dans le plus profond et le plus grand lac d'eau douce de la terre, le lac Baïkal, en Russie, et le phoque de la Caspienne dans la mer Caspienne.

Comment la loutre naine se nourrit-elle ?

Elles cherche sa nourriture en eau peu profonde, creuse le fond avec ses pattes avant. Quand elle a attrapé un coquillage, elle le dépose sur le rivage et ne le mange que lorsqu'il s'est ouvert au soleil. Entretemps, elle en cherche d'autres avec lesquels elles procède de la même manière.

Quelle est la particularité de la loutre à joues blanches ?

Cette espèce de loutre vit en Afrique, au sud du Sahara. Elle remue le limon avec ses pattes avant pour trouver des crabes, des mollusques et des vers, ou elle écarte des pierres en les faisant rouler. Aux pattes avant et arrière, elle ne porte pas de griffes, mais elle peut avoir sur deux orteils une formation qui ressemble à des ongles humains.

Comment vit le vison d'Amérique ?

Les visons sont des solitaires qui défendent leur territoire contre leurs congénères. Les deux sexes ne se retrouvent qu'à la période de reproduction, et l'élevage des petits revient uniquement aux femelles. Au bout d'environ 4 mois, les jeunes sont autonomes et partent à la recherche de leur propre territoire. Les visons vivent près de l'eau dans un terrier à plusieurs galeries qui se trouve souvent sous des racines, ou bien reprennent le terrier d'autres rongeurs. Ils se nourrissent surtout de poissons, de crustacés, de petits mammifères, d'insectes d'eau et d'oiseaux.

Si un castor a repéré un ennemi, il alerte ses congénères en frappant rapidement la surface de l'eau avec sa queue aplatie.

Quel animal travaille comme architecte paysager ?

C'est le castor, qui aménage son environnement pour pouvoir s'y installer. Grâce à des barrages, il augmente le niveau de l'eau afin de pouvoir nager et pour qu'elle ne gèle pas complètement jusqu'au fond. En hiver, atteint plus facilement la nourriture qu'il a accumulée dans une réserve sous l'eau. Aussi, pour des raisons de sécurité, il faut toujours qu'il y ait une entrée sous l'eau pour accéder à la hutte.

Comment le castor abat-il un arbre ?

Appuyé sur sa queue, le castor s'assoit devant l'arbre, il l'entoure avec ses pattes avant et râpe l'écorce. Puis il arrache des copeaux de bois jusqu'à ce qu'il y ait une entaille profonde qu'il agrandit en haut et en bas et élargit sur les côtés. C'est ce qui produit l'encoche typique en forme de sablier. Si la partie centrale est trop amincie, l'arbre bascule. Pour un arbuste de 3 centimètres d'épaisseur, un castor a besoin de quelques minutes ; sur les gros, il travaille pendant plusieurs heures.

À quoi sert la griffe fendue du castor ?

Avec la griffe fendue qu'il possède sur le deuxième doigt de chaque patte arrière, le castor peigne sa fourrure et l'enduit avec la sécrétion huileuse contenue dans des glandes qui débouchent sur une cavité en forme de poche située sur son arrière-train.

Comme les castors, les rats musqués construisent des huttes qui peuvent dépasser d'un mètre la surface de l'eau. Ils creusent des tunnels dans la rive.

Les ragondins ressemblent aux rats musqués, mais ils sont beaucoup plus gros et moins souples. Ils se différencient du castor par leur queue ronde.

Comment les castors aiguisent-ils leurs incisives ?

Les incisives de la mâchoire supérieure sont composées sur la face interne d'un matériau plus tendre que sur la face externe. Étant donné que les dents du bas frottent contre celles du haut, la face interne est plus vite usée, seul subsiste l'extérieur dur qui produit une arête aiguisée.

Comment le rat musqué est-il adapté à la vie aquatique ?

De tous les fouisseurs, c'est le rat musqué qui nage et plonge le mieux. Outre sa fourrure imperméable, les doigts de ses pattes arrière sont palmés et garnis de brosses sur les côtés. Cela permet au rat musqué d'augmenter sa résistance dans l'eau. Sa longue queue ovale en forme de rame lui sert de pagaïe. Le rat musqué vit dans un terrier construit près de l'eau, généralement sur des berges.

Où vit le ragondin ?

L'habitat du ragondin se situe dans des eaux peu profondes dans des lieux écartés du sud du Brésil jusqu'en Patagonie. Pour son épais sous-poil, apprécié comme pelisse, le ragondin est élevé dans de nombreuses parties du monde, en particulier en Europe et aux États-Unis. Beaucoup d'animaux se sont échappés et sont redevenus sauvages. Dans les régions où les hivers sont froids et où l'eau gèle, les populations de ragondins disparaissent souvent.

Ce sont les Indiens d'Amérique du Sud qui ont donné son nom au capybara, ce qui signifie « seigneur des herbes ».

Comment le rat du riz se comporte-t-il dans l'eau ?

Les rats du riz occupent les rives marécageuses au sud-est des États-Unis. Ces rongeurs sont d'habiles nageurs qui savent aussi plonger. Leur fourrure se mouille à peine dans l'eau, et une couche d'air isolante entre les poils les empêche de se refroidir trop vite. De plus, quand ils nagent en pagayant vivement avec les pattes arr ère, cette couche d'air leur donne un peu d'élan.

Pourquoi la tête du capybara a-t-elle une forme aussi bizarre ?

Chez le capybara, on remarque tout de suite la tête carrée avec les yeux, les petites oreilles et les narines situés très haut. C'est une adaptation à son mode de vie aquatique. Il peut ainsi être plongé dans 'eau tout en observant l'environnement en laissant dépasser seulement le haut de la tête. Ces animaux se réfugient dans l'eau en cas de danger ou quand ils veulent se rafraîchir.

Quel est le plus grand rongeur du monde ?

C'est le capybara, qui vit en Amérique du Sud, du nord jusqu'au nord de l'Argentine et à l'ouest jusqu'aux Andes. Dans cette zone, il habite des eaux riches en plantes dont il se nourrit. Mais il mange essentiellement des herbes riches en cellulose.

Les musaraignes aquatiques ont un métabolisme accéléré. C'est pourquoi elles mangent très souvent, consommant par jour l'équivalent de leur poids.

Comment le campagnol peut-il manger sous l'eau ?

La forme aquatique du campagnol habite des rives couvertes d'une épaisse végétation. Il n'est pas spécialement adapté à la vie aquatique, mais il sait nager et plonger. Quand il mange sous l'eau, le campagnol pince les lèvres pour empêcher l'eau de pénétrer dans l'espace buccal derrière ses dents.

Comment la musaraigne aquatique est-elle adaptée à l'eau ?

La musaraigne aquatique nage et plonge à merveille. Sur le bord extérieur de ses pattes arrière relativement grandes, elle possède un ourlet de poils en forme de nageoire. Elle a aussi sous le dessous de la queue une double rangée de brosses. Cela lui permet de bien avancer. La fourrure épaisse et bien graissée empêche l'eau d'atteindre son corps. Les oreilles cachées dans le pelage s'obturent quand elle plonge.

De quoi se nourrit la musaraigne aquatique ?

Les musaraignes aquatiques mangent ce qui se présente devant leur museau : des insectes, des escargots et des vers jusqu'à de petits vertébrés comme des poissons ou des grenouilles. À l'extérieur de l'eau, elles consomment aussi des charognes. Elles trouvent leur proie grâce à leur bon flair.

Qu'est-ce qu'un desman russe ?

Le desman russe est apparenté aux taupes. Ces animaux qui vivent en communautés chassent la nuit. L'eau est leur élément. Ils nagent en repliant les pattes avant contre leur corps et en battant des pattes arrière. Ils rament avec leur queue ramenée sur le côté.

Comment se nourrit la chauve-souris de Daubenton ?

Comme ses cousines, la chauve-souris de Daubenton attrape durant la nuit des insectes volants. Elle chasse en traçant de nombreuses courbes au-dessus de l'eau. Elle attrape les insectes à la surface avec la membrane de sa queue et ses pattes arrière. Elle est parfois victime de la pêche à la mouche.

Quand elle chasse, la chauve-souris de Daubenton lance des ultrasons qui sont réfléchis par les insectes, ses proies. L'écho lui permet de reconnaître de quelle espèce il s'agit.

Pourquoi le sitatunga s'appelle-t-il aussi guib d'eau ?

Ce nom indique son fort attachement à l'eau. Les sitatungas se nourrissent surtout de plantes aquatiques. Ils nagent bien, se reposent dans l'eau pendant la journée et c'est là qu'ils se réfugient en cas de danger. Il leur arrive de plonger si profondément qu'on ne voit plus que la pointe de leurs cornes. Pour ne pas s'enfoncer dans le sol marécageux, les griffes des sabots peuvent largement s'écarter.

Quel est le plus grand cerf d'Amérique du Sud ?

C'est le cerf des marais. Celui-ci habite des zones inondées ainsi que des forêts humides dans lesquelles il se nourrit de plantes des marais. Pour avancer facilement sur le sol marécageux, il possède des sabots relativement longs, d'environ 8 centimètres, qui peuvent largement s'écarter. Les griffes arrière sont très longues et augmentent la surface d'appui.

Comment les cobes à croissant s'imposent-ils ?

Les mâles adultes possèdent des territoires où ils restent la plupart du temps pendant toute l'année dans des terrains marécageux près des lacs et des fleuves au sud du Sahara. Quand des femelles en chaleur rendent visite aux mâles dans leurs territoires, elles se font courtiser. Le mâle pousse la femelle en restant toujours debout et en posant son cou sur sa croupe ou en lui donnant des coups avec ses pattes avant. Les mâles ne défendent un territoire que pendant trois à quatre ans, au bout desquels il leur est le plus souvent disputé par un mâle plus jeune.

Comment se comporte le cobe des roseaux à l'approche de l'ennemi ?

Parmi les ennemis du cobe des roseaux, on trouve des fauves comme les lions ou les hyènes, mais aussi des aigles ou des boas. Ces derniers sont surtout dangereux pour les jeunes bêtes. En cas de danger, le cobe des roseaux s'aplatit sur le sol marécageux en tendant le cou. C'est seulement au dernier moment qu'il bondit et s'échappe au galop en sautant très haut et en levant en l'air sa queue et ses pattes arrière.

Le sitatunga a une très longue fourrure huileuse imperméable adaptée à son mode de vie.

Le cobe des roseaux est aussi appelé antilope isabelle à cause de la couleur isabelle de sa fourrure. Seuls les mâles portent des bois en forme de lyre.

Pourquoi le raton crabier a-t-il besoin de dents aussi massives ?

Les ratons crabiers vivent dans des marais et dans la forêt tropicale marécageuse d'Amérique du Sud. Leur nourriture consiste essentiellement en crabes qu'ils vont chercher au fond de l'eau. Leurs molaires sont munies de bosses importantes qui leur permettent de casser la carapace de leur proie favorite.

Les lapins aquatiques font partie des lapins d'Amérique, qui ont une queue touffue.

Quel lapin aime bien nager ?

À côté du lapin des marais de Floride, c'est le lapin aquatique. Ce dernier habite les marais de la côte du golfe du Mexique. Les lapins aquatiques installent leur gîte dans le marécage à l'abri de l'épaisse végétation. Ils savent nager, mais ils seraient à la merci d'un prédateur tel qu'un chien. C'est pourquoi, dans un cas semblable, les lapins aquatiques se cachent sous un buisson ou du bois flotté. Ils restent allongés dans l'eau sans bouger et sortent juste le nez.

Comment vivent les souris grimpeuses des marais ?

À l'aide de leur très longue queue, les souris grimpeuses des marais grimpent dans l'épaisse végétation de buissons et d'herbes dans des marais ou d'autres habitats humides. Leur existence est limitée à une petite région d'Afrique centrale. Elles n'ont été découvertes qu'en 1961.

Qui représente le campagnol agreste en Amérique du Nord ?

Le campagnol de Pennsylvanie ressemble en apparence, comme dans son mode de vie, au campagnol agreste. On le trouve dans toutes sortes de zones humides où il cache son nid dans des herbes.

D'où vient le nom du condylure étoilé ?

Ce parent des taupes porte au bout du museau une couronne en forme d'étoile composée de 22 appendices charnus de couleur rose qui lui servent à trouver sa nourriture. En hiver, une réserve de graisse y est entreposée. Les condylures étoilés savent nager et plonger. Ils vivent sur des sols humides et marécageux à proximité de l'eau. Leur habitat se situe à l'est du Canada.

Les cobes des roseaux et à croissant d'Afrique vivent près de l'eau dans laquelle ils pénètrent souvent. Pour s'y adapter, ils possèdent une fourrure en mèches imperméable due à la sécrétion huileuse de leurs glandes sudoripares. Pour qu'un territoire soit de qualité, ce n'est pas la quantité de nourriture qui est importante, mais l'accès à l'eau. C'est aussi l'eau qui détermine la grandeur du territoire car, quand la région est favorable, beaucoup de cobes des roseaux y habitent.

!

L'opossum aquatique ne peut pas séjourner longtemps dans l'eau car elle pénètre à travers sa fourrure. Il vit à partir du Mexique jusqu'en Patagonie.

Quel animal de l'ordre des marsupiaux s'est le mieux adapté au milieu aquatique ?

L'opossum aquatique vit sur la berge des fleuves des régions tropicales d'Amérique du Sud. Ses pattes arrière, palmées, lui servent de pagaïes. Ses doigts se terminent par un petit appendice comme chez les grenouilles. Il doit s'en servir pour explorer le fond de l'eau et attraper des crustacés, coquillages ou insectes. Quand il cherche sa nourriture, l'opossum barbote, c'est-à-dire qu'il pagaye lentement en eau peu profonde. Il peut obturer ses oreilles.

Quel est le plus petit mammifère du monde ?

Avec sa queue, la musaraigne étrusque ne mesure que 5 centimètres. Les nouveau-nés ne pèsent qu'un cinquième de gramme ! La musaraigne vit dans de la végétation épaisse et humide, souvent près des ruisseaux, en Europe du Sud, en Asie du Sud et en Afrique du Nord. Comme elle est si petite, elle a toujours froid. Quand elle a trop froid ou qu'elle ne trouve pas assez à manger, elle tombe dans une sorte de torpeur pour économiser de l'énergie.

À quoi sert le museau en forme de trompe du desman des Pyrénées ?

Son museau a la forme d'une large trompe plate au bout de laquelle se trouvent les narines qui se ferment par un clapet. La trompe contient de nombreuses particules et des poils tactiles lui permettant de repérer les larves dont il se nourrit. Il l'utilise pour fouiller le sol, attraper sa proie et la porter à sa bouche. On le surnomme le rat trompette.

Le desman des Pyrénées colonise des torrents et des rivières de montagne jusqu'à 2 200 mètres d'altitude au nord de la péninsule Ibérique.

Avec près de 3 mètres de long et un poids qui peut atteindre 160 kilos, les dauphins de l'Amazone sont la plus grande espèce de dauphins. Ils habitent les zones de faible courant de l'Amazone et de l'Orénoque.

Pourquoi le museau du dauphin fluvial est-il si long ?

Le museau allongé comme celui d'un crocodile est garni de longues dents et sert à attraper les poissons dans l'eau ainsi que des organismes qui vivent sur le fond, comme les crustacés. Chez le dauphin du Gange, le museau est mince comme une pincette et correspond à près d'un cinquième de la longueur totale de l'animal.

Comment s'orientent les dauphins fluviaux ?

Les dauphins fluviaux comme ceux de l'Amazone vivent dans des eaux douces troubles et riches en plantes aquatiques. Comme ils ont une mauvaise vue, leurs yeux se sont atrophiés. Ils s'orientent grâce à leur système d'écholocalisation dont les ultrasons se réfléchissent les objets et sur les plantes. Ce système est si précis que les dauphins peuvent contourner un fil de cuivre d'un millimètre d'épaisseur.

Quelle est la plus petite espèce de lamantin ?

C'est le lamantin fluvial, qui peut atteindre 3 mètres de longueur. Il habite la région fluviale de l'Amazone et de ses affluents. Il se nourrit de plantes sous-aquatiques ou entraînées par l'eau et de fruits de palmiers qui flottent. Les lamantins fluviaux sont menacés par la pollution et l'obstruction des fleuves avec des barrages, ainsi que par la chasse.

Les loutres ne vivent pas seulement près des rivières et des lacs, elles habitent aussi les côtes en Europe de l'Ouest et en Scandinavie. Elles se nourrissent de poissons, de petits mammifères, d'oiseaux aquatiques, d'amphibiens et de mollusques.

Le vison nage et plonge à merveille. Quand il a trouvé une proie dans l'eau, il l'attrape avec la bouche et la cache sur la terre.

Comment le vison repère-t-il sa proie ?

Avant de se précipiter dans l'eau, le vison vérifie d'abord s'il y a des proies éventuelles dont il pourrait se délecter. Pour ce faire, il maintient sa tête et les moustaches de son museau hors de l'eau en tendant le cou. En balançant son corps de chaque côté, il observe l'eau. De cette position, le vison se précipite dans l'eau à l'instant où celui-ci a repéré une proie.

Comment la loutre avance-t-elle dans l'eau ?

Tandis qu'elle se déplace très maladroitement sur le sol, la loutre est dans l'eau une nageuse hors pair. Quand elle nage lentement, elle pagaye avec ses pattes arrière, propulsée par les palmures situées entre ses orteils largement écartés. Quand elle nage vite, la loutre utilise ses pattes de devant et n'avance que grâce aux mouvements latéraux de sa queue.

Comment la loutre est-elle adaptée à la plongée ?

Elle a une fourrure épaisse avec un sous-poil dru dans lequel est incluse une couche d'air isolante qui la protège du froid lorsqu'elle est sous l'eau. En outre, grâce aux sécrétions de glandes cutanées huileuses, sa fourrure est imperméable. Avant chaque plongée, elle obture ses narines et ses petites oreilles rondes avec des clapets spéciaux. Elle peut rester sous l'eau pendant 4 minutes et atteindre une vitesse de 12 km/h quand elle chasse.

Les imposants buffles d'eau peuvent atteindre 3 mètres de longueur et 2 mètres de hauteur au garrot. Leurs cornes peuvent avoir jusqu'à 2 mètres d'envergure.

Où vit la loutre géante ?

Les loutres géantes habitent des eaux à faible courant dans la forêt tropicale d'Amérique du Sud. Elles aménagent leur tanière sur la rive en dégageant la végétation.

Quelle est la différence entre la mangouste des marais et les autres mangoustes ?

Contrairement aux autres, les mangoustes des marais, nocturnes, ne possèdent pas de membranes sur leurs pattes. Elles peuvent donc écarter largement les doigts. Cela leur permet de progresser aisément sur un sol marécageux. Les mangoustes des marais habitent la végétation épaisse sur les berges des fleuves et des lacs ainsi que des marais et des mangroves.

La civette-loutre est-elle apparentée aux loutres ?

Non, c'est une mangouste, bien qu'elle ressemble à une loutre. Comme elle, la civette-loutre a de larges pattes pourvues de membranes qui lui servent de palmes. Dans l'eau, elle peut obturer ses narines et ses oreilles. La civette-loutre guette ses proies – entre autres des poissons, des petits mammifères mais aussi des oiseaux – à la manière des crocodiles.

Comment le buffle d'eau passe-t-il la journée ?

Les buffles d'eau, gris foncé, vivent en groupes familiaux, mais aussi en troupeaux plus importants. Pendant la journée, ils alternent entre la boue et l'eau. Si la boue n'est pas assez profonde, ils la projettent sur leur dos à l'aide de leurs cornes. Ils essaient ainsi d'échapper aux insectes qui les importunent. Si ceux-ci sont trop nombreux, ils se plongent si profondément dans l'eau qu'on ne voit plus que leur tête, voire seulement leur nez. Le soir et la nuit, ils mangent essentiellement des plantes aquatiques ou des herbes.

Autres habitats

Il n'y a aucune région au monde qui n'ait pas été conquise par des mammifères, y compris des habitats extrêmes comme les hautes montagnes ou les zones polaires. Ceux-ci exigent toutefois une adaptation très particulière de chaque individu qui veut survivre dans cette situation. D'une certaine manière, on peut considérer que les îles aussi sont des milieux extrêmes, même quand elles sont aussi grandes que l'Australie, qui représente un continent en soi. Séparées du reste du monde, des formes de vie ont pu s'y développer qui n'existent nulle part ailleurs. Ces organismes sont menacés quand ils se trouvent brusquement confrontés à des animaux inconnus.

Pourquoi les chamois ne glissent-ils pas, même sur des versants à pic ?

Leurs sabots sont constitués de deux doigts de pied qui peuvent s'écarter et qui présentent des bords élastiques, caoutchouteux, au contour puissant et acéré. De plus, le dessous des ongles est mou et s'adapte bien au sol.

Quand les chamois fraient-ils ?

Seuls les mâles fraient, mais ce n'est pas pour se débarrasser du velours de leurs bois comme les cerfs. Ils frottent leurs cornes sur des branches pour étaler une sécrétion à l'odeur de musc issue d'une glande située à la base des cornes. C'est ainsi qu'ils marquent leur territoire.

Pour la barbe de chamois, l'ornement de nombreux chapeaux traditionnels, on utilise les longs poils raides du garrot et du dos des animaux. Lors des combats entre rivaux, les mâles hérissent leurs poils pour paraître plus gros.

Qui représente le chamois en Amérique du Nord ?

La chèvre des montagnes habite les montagnes Rocheuses. Ces animaux sont reconnaissables à leur robe blanche. Comme les chamois, ce sont d'excellentes grimpeuses. Les chèvres des montagnes se nourrissent d'herbes des pâturages alpins.

Comment les bouquetins des Alpes établissent-ils la hiérarchie ?

Les boucs vivent toute l'année dans des troupeaux composés exclusivement de mâles avec une hiérarchie bien précise. Seul le bouc dominant s'accouple avec les chèvres. La hiérarchie est établie dès l'été. Les rivaux se dressent sur leurs pattes arrière et se jettent en avant en agitant la tête en direction l'un de l'autre. Les cornes se heurtent alors bruyamment.

Les cornes imposantes en forme de sabre d'un bouquetin adulte peuvent peser jusqu'à 4 kilos et atteindre 1 mètre de long.

Quel âge peuvent atteindre les bouquetins des Alpes ?

En liberté, les bouquetins des Alpes peuvent vivre jusqu'à l'âge de 14 ans. On peut déterminer l'âge des mâles à leurs cornes. Étant donné que la croissance des cornes s'interrompt pendant la période de rut et ne reprend qu'ensuite, cela produit des stries foncées qui permettent de déterminer l'âge de l'animal.

Comment la tête des mouflons des neiges supporte-t-elle les assauts ?

Pendant les combats entre rivaux, les mouflons mâles de Sibérie se précipitent violemment l'un sur l'autre. Leur front est protégé par une double couche osseuse qui amortit les coups. Afin de soulager la nuque, le crâne est relié aux vertèbres cervicales par une articulation particulière qui sert de charnière.

Pourquoi les argalis ne sont-ils pas comptés parmi les grimpeurs ?

Contrairement aux mouflons des neiges ou de Dall, plutôt trapus et compacts, qui savent bien grimper, les argalis ont de longues pattes qui se prêtent mieux à la marche. Ils vivent sur des plateaux jusqu'à 6 000 mètres d'altitude dans les montagnes de Russie, de Chine et de Mongolie.

Où vit le takin ?

Le takin vit dans les montagnes du centre de la Chine à une altitude de 2 000 à 5 000 mètres. Il séjourne dans la région de forêts de rhododendrons, de fourrés de bambous ou sur des pâturages parsemés de buissons isolés. Le takin est très rare, et les scientifiques ne sont pas d'accord sur sa place par rapport aux autres animaux. Cela se traduit dans ses autres appellations : gnous ou bœufs musqués.

Pourquoi le museau du chirou est-il un peu bombé ?

Cela vient des poches de ses naseaux que le chirou peut gonfler et qui atteignent alors la taille d'un œuf de pigeon. C'est ce que font les mâles surtout en période de rut. Cela les aide sans doute à pousser leurs cris. Ils vivent au Tibet à plus de 4 500 mètres d'altitude sur des plateaux dépourvus d'arbres.

Quel félin vit dans les hautes montagnes ?

Le léopard des neiges monte jusqu'à 6 000 mètres dans les montagnes d'Asie Centrale, mais vit la plupart du temps à une altitude de 3 000 à 4 000 mètres. Sa fourrure épaisse le protège du froid.

Quel est le plus petit chameau ?

La vigogne atteint juste un mètre de hauteur au garrot et pèse au maximum 55 kilos. Son cou, long par rapport au corps, des longues pattes et sa tête arrondie lui donnent un air élégant. Les vigognes vivent sur le haut plateau des Andes, l'Altiplano, jusqu'à 5 500 mètres d'altitude.

Où vit le cerf à museau blanc ?

Ce cerf de montagne le plus spécifique de l'Ancien Continent peuple les hauts plateaux du Tibet et d'autres hautes montagnes d'Asie jusqu'à 5 000 mètres d'altitude. Ces bons grimpeurs peuvent franchir à une vitesse fulgurante des versants abrupts grâce à leurs larges sabots émoussés sur le devant et leurs ongles longs et robustes. Sur leur tronc, la fourrure est orientée en sens contraire. Jusqu'au ventre, elle va de l'avant vers l'arrière, puis c'est l'inverse sur l'arrière du tronc. Peut-être est-ce une adaptation aux directions changeantes du vent ou aux tornades.

Pour être adaptées à l'altitude, les vigognes ont un cœur d'un volume de près de 50 % supérieur à celui des mammifères de taille identique.

Les géladas vivent dans les montagnes rocheuses d'Afrique du Nord. Pour dormir et pour se mettre à l'abri des ennemis, ils se retirent sur des parois abruptes.

Quel est l'équivalent du cerf à museau blanc en Amérique ?

Parmi les espèces de cerfs d'Amérique, c'est le cerf des Andes qui est le mieux adapté aux hautes montagnes. Il en existe deux espèces, l'une au nord et l'une au sud, le cerf des Andes du Nord vivant à une altitude supérieure. La fourrure est constituée d'un pelage rêche et d'un sous-poil épais et fin. Chaque poil a une tige creuse et contient de l'air. Cela fournit une bonne isolation contre la chaleur.

Quelle est la particularité du géléda ?

Les mâles et les femelles de cette espèce de pavian portent sur la gorge et la poitrine une tache rose de peau nue en forme de sablier. Chez les mâles, cette tache est entourée de poils blancs et, chez les femelles, d'un collier de protubérances blanches qui enflent quand elles sont prêtes à s'accoupler en même temps que la tache vire au rouge vif. La zone génitale des femelles est de la même couleur.

Y a-t-il des lièvres qui chantent ?

Dans les montagnes d'Amérique du Nord et dans les montagnes et les steppes d'Asie Centrale vivent des lièvres qui chantent soit seuls, soit en chœur ou en duo. C'est pourquoi ils portent aussi le nom de lièvres siffleurs, ou pikas. Ils n'hibernent pas.

Les lapins siffleurs d'Amérique du Nord déposent sous des pierres de gros tas de provisions de foin qu'ils pourront consommer pendant l'hiver.

Les marmottes des Alpes ne vivaient à l'origine que dans les Alpes du centre et de l'ouest ainsi que dans les Carpates. Elles ont été introduites dans les Pyrénées, les Alpes de l'Est et la Forêt Noire.

Comment les marmottes se préparent-elles à hiberner ?

Les marmottes hibernent pendant environ 8 mois. Pour cela, elles se fabriquent une couche de graisse pendant l'été en mangeant des herbes et des jeunes pousses. Elles doublent à peu près leur poids. Au début de l'automne, elles rassemblent de l'herbe et la font sécher pour rembourrer les chambres dans leur terrier. Avant de dormir, elles bouchent les entrées du terrier avec de la terre et des plantes.

Comment les marmottes communiquent-elles entre elles ?

Des liens sociaux très forts unissent les membres d'un groupe familial. Les marmottes marquent les limites de leur territoire avec la sécrétion des glandes de leurs joues. Si un guetteur découvre un ennemi terrestre, il avertit les autres membres de la famille par une série de sifflements, et si c'est un ennemi volant, il l'annonce par des sifflements aigus.

Comment vivent les souris de Puna ?

Ces petits rongeurs diurnes habitent l'Altiplano d'Amérique du Sud à une altitude de 4 400 à 5 200 mètres. Ils passent la nuit au chaud dans leur terrier. Les souris de Puna ont été découvertes en 1939. Elles ressemblent aux campagnols des neiges.

Quels campagnols d'Asie pratiquent le stockage ?

Les campagnols des montagnes habitent la région rocheuse des hautes montagnes d'Asie Centrale, où ils partagent le milieu écologique du campagnol des neiges. Ils amassent des herbes dans des endroits protégés, puis les retournent jusqu'à ce qu'elles soient sèches. Le foin est entassé dans des fentes sous des rochers.

Le campagnol des neiges a-t-il besoin de neige pour vivre ?

S'il vit dans les Alpes presque jusqu'à la limite des neiges, on le trouve aussi dans des régions où il neige à peine. Son habitat doit comporter des rochers fissurés ou des éboulis avec une végétation rare. Là où le sol est meuble, il aménage de courts terriers avec un nid.

Où vivent les cochons d'Inde sauvages ?

Ils vivent en colonies dans des régions d'Amérique du Sud couvertes d'herbes et de buissons, de la Colombie jusqu'en Argentine et, dans les Andes, jusqu'à 5 000 mètres. De petits groupes se constituent à l'intérieur de la colonie. Pour chercher leur nourriture, ils empruntent toujours les mêmes passages sur leur territoire.

À quoi reconnaît-on qu'un chinchilla est actif de nuit ?

Pour repérer un ennemi ou trouver de la nourriture pendant la nuit, les bêtes doivent posséder d'excellents organes sensitifs. Le chinchilla est doté de gros yeux et de grandes oreilles. Il s'oriente dans l'espace grâce aux moustaches mobiles de son museau.

Qu'est-ce qu'un viscacha des montagnes ou lagostome des montagnes ?

Les lagostomes des montagnes sont apparentés aux cochons d'Inde. Ils passent la nuit dans des trous et des fentes de versants abrupts des Andes à 5 000 mètres d'altitude. Ces bêtes sociables vivent en clans familiaux, dont plusieurs forment une colonie. Pendant qu'ils mangent, l'un d'eux monte la garde et avertit ses congénères en cas de danger. Tous se glissent alors le plus vite possible dans des fentes ou des trous dans la terre.

Les viscachas ou lagostomes des montagnes vivent en société au Pérou, sur des versants des Andes difficilement accessibles, à des altitudes de 900 à 5 000 mètres.

Leur fourrure douce et soyeuse est la raison pour laquelle les chinchillas sauvages font aujourd'hui partie des espèces menacées.

Les ours polaires se déplacent beaucoup. À une allure régulière, ils parcourent environ 4 kilomètres par heure. Quand ils sont poursuivis, ils peuvent aller jusqu'à 40 km/h. À la nage, ils atteignent une vitesse de 10 km/h.

Pourquoi y a-t-il des mammifères terrestres dans l'Arctique et pas en Antarctique ?

L'Antarctique est complètement entouré d'eau. Dans de mauvaises conditions de vie, les mammifères terrestres ne pourraient pas s'échapper, il leur faudrait mourir. L'Arctique est relié par un pont de terre au continent situé au sud où les mammifères terrestres peuvent se rendre en hiver en passant sur la glace, puis ils regagnent l'Arctique par le même chemin.

Comment l'ours polaire est-il adapté au froid ?

Grâce à sa fourrure épaisse qui l'isole parfaitement. Chaque poil, creux et transparent, concentre la lumière des UV et la dirige vers la peau noire de la bête. 95 % des rayons UV sont transformés en chaleur. De plus, l'ours polaire possède une épaisse couche de graisse sous la peau, même au-dessous des pattes, qui sont recouvertes de fourrure.

Comment les ours polaires capturent-ils leur nourriture ?

Ces plongeurs hors pair remontent des bêtes vivant à plus de 4 mètres de profondeur. Ils attrapent les oiseaux marins par-derrière en plongeant. Ils chassent les phoques ou les dauphins en nageant, et repèrent les phoques dans la glace grâce à leurs trous de respiration. On a déjà aussi vu des ours polaires bondir brusquement hors de l'eau et essayer de capturer un phoque endormi sur la banquise.

Les ours polaires ont-ils un bon flair ?

Ils sentent leurs proies à 30 kilomètres de distance, et certains sentent même des bêtes éloignées de 60 kilomètres. Ils détectent les phoques dans leurs trous cachés sous la glace et la neige.

Comment survivent les animaux dans la neige et la glace ?

Le lièvre des neiges, le renard polaire ou l'hermine ont en hiver une fourrure blanche. Ils sont ainsi bien camouflés. Elle devient aussi plus épaisse pour les protéger du froid, ce qui élargit les pattes des lièvres qui ne peuvent pas s'enfoncer. De la fourrure sur le dessous des pattes les réchauffe encore plus.

Les caractéristiques du morse sont la petite taille de sa tête par rapport au corps, ses longues défenses et la « moustache » avec laquelle il cherche la nourriture sur le sol.

La comparaison entre les espèces animales du nord et des espèces apparentées vivant dans les régions du sud révèle que celles du nord sont plus grosses. Un gros corps produit beaucoup de chaleur mais il en dépense moins par sa surface relativement plus petite, et il engrange donc mieux la chaleur qu'un petit corps. De plus, chez ces espèces, tous les appendices corporels comme les oreilles ou la queue sont beaucoup plus petits, ce qui réduit également la surface.

Pourquoi le morse a-t-il besoin de ses défenses ?

Avec leurs défenses, des canines fortement allongées à la mâchoire supérieure, les morses détachent des coquillages du fond marin. Ils les enfoncent aussi comme des piolets pour grimper sur la glace et les rochers. Elles leur servent aussi d'armes dans les combats entre rivaux, notamment durant la période d'accouplement.

Comment les jeunes morses grandissent-ils ?

À sa naissance, le petit morse mesure 1 mètre et pèse 50 kilos. Grâce au lait nourrissant de sa mère, le morse grandit très vite, mais il n'est sevré qu'à 2 ans. Il suit aussitôt sa mère dans l'eau. Quand il est fatigué, sa mère porte le petit à califourchon sur son dos. En cas de danger, la mère le protège entre ses nageoires antérieures.

Quand les otaries pourchassent leurs proies principales, des poissons ou des seiches, elles peuvent atteindre une vitesse de 30 km/h.

Pourquoi l'otarie du nord s'appelle-t-elle aussi otarie à fourrure ?

Les otaries du nord peuvent supporter des températures de l'eau de 8 à 12 °C car elles possèdent sous leur pelage qui ressemble à des crins une fourrure épaisse, avec 50 000 poils par centimètre carré. Le pelage est ainsi imperméabilisé.

Que font les otaries du nord sur les îles Pribilof ?

C'est sur ces îles que viennent se reproduire la plupart des otaries, dont le nombre s'élève de nouveau aujourd'hui à 1,7 million. Les vieux mâles apparaissent en premier et s'emparent d'un territoire sur la côte, puis arrivent les femelles. Elles se rendent sur le territoire du mâle de leur choix, elles s'accouplent et donnent naissance à leur petit. Chaque femelle reconnaît son petit à sa voix et à son odeur.

D'où vient le nom curieux du phoque à capuchon ?

Chez ces phoques, les mâles adultes ont un nez qui ressemble à une courte trompe et qui, une fois gonflé, prend la forme d'un gros ballon noir qui ressemble à une casquette. De plus, les mâles peuvent aussi gonfler leur paroi nasale à travers une narine comme une sorte de bulle rouge.

Pour la fourrure blanche qu'ils portent pendant les premiers jours qui suivent leur naissance, des centaines de milliers de bébés phoques du Groenland étaient cruellement abattus chaque année par des chasseurs de phoques.

Quand un phoque du Groenland est-il en danger ?

Comme tous les mammifères, le phoque doit remonter régulièrement à la surface de l'eau pour respirer. Quand la mer est gelée, en hiver, les phoques se réservent un endroit par où ils peuvent émerger. À côté de ces trous dans la glace, il arrive qu'un ours polaire attende patiemment que le phoque arrive pour le tuer d'un coup de ses pattes puissantes.

Où vit le phoque-chien de mer ?

Dans les eaux arctiques et subarctiques. Les petits naissent sur la terre couverte de neige parce qu'ils y sont bien camouflés dans leur robe blanche de bébé, le lanugo. Les phoques séjournent de préférence sous la glace. Ils respirent par des creusés pour gangner la terre ferme. Quand l'entrée est bouchée par la neige, il se forme au-dessous des creux dans lesquels les phoques se reposent et mettent bas.

De quoi se nourrissent les phoques crabiers ?

Cette espèce de phoque de l'Antarctique ne se nourrit pas de crabes, comme son nom le laisse supposer, mais de minuscules crevettes, le krill. Le phoque les filtre de l'eau grâce à sa dentition particulière. Les bosses des molaires supérieures et inférieures sont allongées et s'imbriquent les unes dans les autres, ce qui crée un système de filtre.

Quel phoque vit le plus au sud ?

Les phoques de Weddell mettent leurs petits au monde sur le sol gelé de l'Antarctique. Quand ils remontent de parfois 700 mètres de profondeur, leur gros problème est de trouver un trou dans la glace. Leur capacité à pouvoir rester sous la glace sans respirer pendant plus de 80 minutes leur donne le temps de chercher.

Qu'est-ce que le pannicule ?

C'est ainsi que l'on désigne la couche de graisse plus ou moins épaisse sous la peau des morses, des phoques, des lamantins et des baleines. La graisse protège du froid et rend élastique la surface du corps, ce qui empêche la formation de remous dans l'eau. Chez certaines espèces de phoques, les mâles vivent sur cette graisse quand, pour la période de reproduction, ils n'ont plus que le temps de se battre pour conquérir un territoire et défendre les femelles. Étant donné que l'on peut tirer de l'huile du pannicule, des milliers d'animaux ont été tués.

À la période de reproduction, les mâles des phoques de Weddel établissent des territoires comme beaucoup d'autres espèces de phoques. Mais ceux-ci se situent sous l'eau, autour des trous de respiration et de sortie des femelles.

Pourquoi la baleine du Groenland fait-elle partie des « vraies » baleines ?

La baleine du Groenland fait partie des baleines franches, qui ont la plus grande valeur sur le plan économique. Les baleines du Groenland sont celles qui ont le pannicule le plus épais (50 cm) et les plus longs fanons. C'est pourquoi elles étaient particulièrement recherchées pour le harponnage.

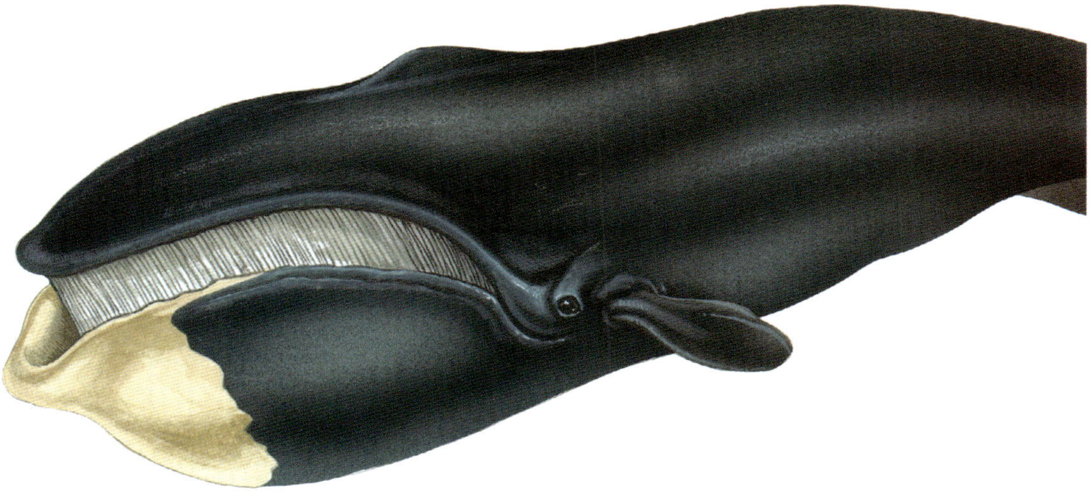

La baleine du Groenland, qui mesure jusqu'à 20 mètres de longueur et peut peser 80 tonnes, est la baleine qui possède les plus longs fanons. Ils mesurent plus de 4 mètres.

Comment les bœufs musqués défendent-ils leurs petits ?

Les adultes forment un cercle autour des jeunes, la tête tournée vers l'extérieur. Ils ne présentent à l'ennemi que leur large crâne aux cornes puissantes. En cas d'attaque par des loups, les bœufs musqués baissent la tête et les pilonnent.

Qui a la plus longue fourrure ?

Les poils du cou et des flancs des bœufs musqués peuvent mesurer jusqu'à 90 centimètres de long. Leur épaisse et dense fourrure les protège bien du froid.

Pourquoi les rennes, ou caribous, migrent-ils ?

Pendant le semestre d'été, les rennes ou caribous habitent la toundra arctique où ils se nourrissent de plantes riches en éléments nutritifs. Quand la nourriture se fait rare à l'automne, ils franchissent 500 à 1 000 kilomètres jusqu'à la forêt. Là, ils mangent des bourgeons, des lichens, en particulier la cladonie des rennes (ou lichen du caribou), et des plantes sous la neige qu'ils dégagent avec leurs sabots. Au printemps, ils repartent vers le nord.

Quand les jeunes rennes viennent-ils au monde ?

Les petits naissent au printemps. Ils sont si bien développés qu'ils peuvent poursuivre le chemin avec les autres dès le lendemain.

Les rennes sont les seuls cervidés chez qui les femelles portent aussi une ramure. Comme chez les mâles, elle tombe et repousse chaque année.

Les cornes du bœuf musqué se rejoignent sur le front et forment une sorte de casque. La corne d'un mâle peut mesurer 60 centimètres.

Les lièvres des neiges ont une vaste zone de répartition, dans les toundras et forêts d'Eurasie, d'Amérique du Nord et du Groenland. Il en existe des sous-espèces particulières dans les Alpes et au Japon.

Qu'est-ce qui distingue le mouflon de Dall des autres mouflons ?

Des cornes dont la base est plus mince. Elles sont un peu plus longues et leurs pointes ne se cassent pas pendant les combats.

Comment le renne est-il adapté à un sol marécageux ?

Les rennes portent de larges sabots dont le bord est fortement arrondi. Reliés par une membrane, ils peuvent s'écarter largement, ce qui agrandit la surface d'appui. Ils ne s'enfoncent pas si facilement. De plus, les griffes arrière descendent très bas et touchent le sol pendant la marche.

Quelle est la particularité du lièvre d'Amérique ?

Cette espèce de lièvre vit dans les zones boisées de la toundra et de la taïga d'Amérique. Pour ne pas s'enfoncer trop profondément dans la neige, le lièvre d'Amérique a de larges pattes postérieures recouvertes d'une fourrure abondante qui forment de véritables « raquettes ».

Quand la robe du lièvre des neiges se transforme-t-elle en fourrure blanche ?

La robe du lièvre des neiges est constituée d'un sous-poil et d'un poil extérieur blancs. Ce dernier change modifiant ainsi la couleur de la fourrure. Le changement de couleur du brun au blanc dépend de la température environnante. Dans la toundra, les lièvres des neiges sont blancs pendant toute l'année. Les populations qui vivent plus au sud et la sous-espèce des Alpes deviennent blanches à partir de la mi-octobre et reprennent une fourrure brune à partir de la mi-février. En revanche, les lièvres des neiges qui vivent en Écosse et dans les îles Féroé restent bruns pendant toute l'année. Tous les lièvres des neiges ont la pointe des oreilles noire.

Les loups vivent dans les espaces les plus divers : dans les toundras et la taïga d'Eurasie et d'Amérique du Nord, dans les steppes et les zones semi-arides, mais aussi dans la montagne.

Pourquoi les jeunes loups jouent-ils ?

Le jeu leur sert à s'entraîner aux comportements dont ils auront besoin pour survivre à l'âge adulte. Ils apprennent ainsi l'approche, l'attaque d'une proie, le sprint, la rapidité des réactions et la classification dans la meute. En renforçant leur endurance et leur courage, les jeunes loups s'assurent une meilleure place dans la hiérarchie.

Quelle est la fonction de la hiérarchie dans une meute de loups ?

Elle assure une vie en commun paisible. La hiérarchie dans une meute de loup est instaurée par des combats ritualisés sans blessures graves. Le signe distinctif du chef de meute est qu'il tient la queue toujours dressée et qu'il est le premier à entamer le butin.

De quoi se nourrit le renard polaire ?

De petits mammifères, surtout des lemmings, d'oiseaux et de leurs oeufs, de poissons, de mollusques et de charognes, mais il ne dédaigne pas non plus les baies. Quand les oiseaux ont des petits sur les rochers, le renard polaire n'a plus qu'à se mettre à table. En période de nourriture rare, dévore les restes laissés par un ours polaire, un loup ou un glouton. Sur la côte, les cadavres de baleines et de phoques font également partie de son menu.

En été, le renard polaire porte une fourrure brun-gris, plus claire sur le ventre, et en hiver, une fourrure blanche. Dans les régions où il neige à peine, on rencontre parfois le renard bleu, une variante de couleur qui va du gris foncé bleuâtre en hiver au brun-gris en été.

À quoi ressemble la tanière du renard polaire ?

Pendant la période de reproduction, les renards polaires abandonnent leur vie nomade et s'installent en couple dans un terrier. Comme celui-ci est utilisé pendant plusieurs générations, le réseau de galeries s'étend au fur et à mesure. On reconnaît la tanière de l'extérieur car le terrassement du sol et le marquage du territoire avec de l'urine rendent la végétation différente.

Quelle est la différence entre le lynx du Canada et le lynx européen ?

Le lynx du Canada est plus petit avec une queue plus courte que le lynx européen. Ses pattes arrière sont plus longues, ce qui fait qu'il a l'arrière-train plus élevé. En hiver, l'un et l'autre ont le dessous des pattes recouvert d'un coussin de poils, plus épais toutefois chez le lynx du Canada.

Est-il vrai que les lemmings de montagne se suicident ?

Non. Les lemmings de montagne, peu sociables, se multiplient en l'espace de trois ou quatre ans. Parfois, la nourriture se fait donc rare. Cela pousse les bêtes à émigrer et à trouver de nouvelles sources de nourriture. Devant les grands plans d'eau, où ont lieu des rassemblements massifs, les bêtes se bousculent et certaines tombent à l'eau. Les lemmings nagent bien, mais s'il y a des vagues, ils se noient.

En hiver, les lemmings de montagne aménagent sous la neige un vaste réseau de galeries pour chercher de la nourriture. Ils y vivent seuls. Pour creuser, les griffes des pattes avant poussent davantage en hiver qu'en été.

Qu'est-ce qu'un lémurien ?

Les lémuriens vivent exclusivement à Madagascar ainsi qu'aux Comores. Étant donné la situation insulaire, les lémuriens ont développé de nombreuses formes d'adaptation qui rappellent les singes d'Afrique ou d'Asie. Ainsi les sifakas ressemblent-ils aux gibbons et les makis aux galagos. Les lémuriens ont conquis tous les habitats. Contrairement aux autres singes, l'odorat joue chez eux un grand rôle.

Pourquoi l'aye-aye a-t-il de si longs doigts ?

L'aye-aye a des doigts remarquablement longs, en particulier le médium, extrêmement fin et maigre. En cherchant de la nourriture dans les branchages, il tape avec ses doigts sur le bois. Au son, il peut reconnaître où se trouvent les galeries de larves d'insectes à l'intérieur. Il l'ouvre avec ses dents et ses griffes, et attrape les larves avec son médium.

Pourquoi les makis kattas ont-ils une queue si spectaculaire ?

À terre, ils ont la queue dressée toute droite. Cela sert de signal pour le groupe. Les mâles l'utilisent pour se rendre impressionnants. Ils enduisent leur queue avec la sécrétion d'une glande du haut de la patte et l'agitent ensuite comme un lasso par-dessus leur dos pour répandre l'odeur aussi loin que possible.

L'aye-aye vit dans la forêt tropicale, dans les taillis de mangroves et de bambous. Le jour, il dort dans un nid de 50 centimètres environ de diamètre qu'il a construit avec art dans un arbre. La nuit, il cherche de la nourriture.

Après une nuit fraîche, les sifakas de Verreaux aux couleurs vives se réchauffent chaque matin en prenant un bain de soleil.

Pourquoi l'indri était-il vénéré ?

Les indris étaient vénérés parce que les habitants de Madagascar croyaient que leurs parents défunts se réincarneraient en eux. Ce sont les plus gros lémuriens.

Comment les sifakas de Verreaux se déplacent-ils ?

Sur le sol, les sifakas courent et bondissent (jusqu'à 4 mètres de longueur) droits sur les pattes arrière en tenant les pattes de devant en l'air. Ils sautent d'arbre en arbre. Après avoir sauté, leur corps est à l'horizontal et ils se redressent à la verticale juste avant d'atteindre une branche où ils atterrissent avec les quatre membres tendus vers l'avant. Avec de tels sauts, ils peuvent franchir 10 mètres à la fois.

Qu'est-ce qu'un fossa ?

Le fossa est une mangouste de Madagascar. D'aspect, il ressemble beaucoup à un chat. Comme chez les félins, deux dents des mâchoires supérieure et inférieure du fossa forment une pince coupante avec laquelle il peut découper les proies qu'il a attrapées.

Qui représente notre hérisson à Madagascar ?

C'est le tenrek. Ces mangeurs d'insectes ne sont pas apparentés aux hérissons, comme on pourrait le croire. Ils ont comme points communs le dos couvert d'épines, la capacité de se mettre en boule et le crachement du mâle à la période de reproduction.

Quel est le plus petit singe de la terre ?

Le microcèbe a la taille d'une souris et ne mesure que 11 à 13 centimètres. Sa queue touffue est aussi longue que son corps. Quand il fait froid ou en période de sécheresse cet animal nocturne tombe dans un état de torpeur au cours duquel il vit sur sa graisse corporelle des pattes arrière et de la base de la queue. Il se nourrit de fruits, de fleurs, de nectar, d'insectes, de petits reptiles et d'oiseaux.

Malgré son air lourdaud, le tenrek sait grimper habilement dans les branches pour chercher de la nourriture.

Qui ressemble à un hybride de canard, de loutre et de castor ?

L'ornithorynque, car il possède un grand bec plat avec des narines sur le dessus, ses orteils sont reliés par des membranes et il pond des œufs. Mais les petits sont nourris comme chez les mammifères avec du lait qui provient non pas de mamelons apparents, mais de minuscules ouvertures dans la peau du ventre de la femelle. Le corps est entièrement recouvert de fourrure.

De quoi le koala se nourrit-il ?

Il ne mange que les feuilles et l'écorce d'environ 20 espèces d'eucalyptus. Les autres contiennent trop d'acide cyanhydrique toxique que les koalas reniflent.

Les ornithorynques vivent dans des lacs et des fleuves à faible courant au sud de l'Australie et en Tasmanie. Le mâle est pourvu à chaque cheville d'un aiguillon venimeux. La quantité de venin suffit pour tuer un chien.

Pourquoi le koala a-t-il besoin de son long intestin ?

Par rapport à sa taille, le koala est le mammifère qui a le plus long intestin (2,5 mètres). Des microorganismes y vivent et l'aident à digérer sa nourriture végétale. Le jeune doit absorber des microorganismes quand il passe à la nourriture de feuilles. Pour cela, la mère le nourrit d'une substance spéciale éliminée de son intestin.

Quelle est l'alimentation de la souris à miel ?

Malgré son nom, la souris à miel, qui ne mesure que 10 centimètres, ne se nourrit pas de miel, mais du nectar et du pollen de plantes à fleurs, les banksii et les grévillées. Pour attraper la nourriture dans les corolles, la pointe de sa longue langue a la forme d'un pinceau. Son palais est couvert de petites protubérances sur lesquelles elle essuie le pollen et le nectar de sa langue.

Tous les enfants connaissent bien le koala, un marsupial, car son air cocasse a servi de modèle pour l'ours en peluche.

Comment le rat-kangourou à queue touffue garnit-il son nid ?

Cette forme miniature de « vrai » kangourou passe la journée à dormir dans des nids bien rembourrés sous des buissons ou dans des cavités. Comme il peut à peine porter quelque chose avec ses minuscules pattes avant, il a développé un système de transport spécial. Il rassemble de l'herbe et des feuilles sèches avec son museau et ses pattes avant et saisit le tout avec sa queue pour le ramener à l'intérieur du nid.

Où vivent les kangourous rouges?

Ce sont les géants des kangourous australiens. Ils habitent des déserts et zones semi-arides, des plaines buissonneuses ou herbeuses où les arbres sont rares. Bien adaptés au désert, ils halètent pour se rafraîchir. Ils se lèchent aussi la poitrine, les pattes antérieures et postérieures, et l'évaporation leur procure de la fraîcheur. Étant des ruminants, ils n'absorbent presque rien de la chaleur environnante.

Qui joue le rôle des hyènes en Tasmanie ?

Comme les hyènes, le diable de Tasmanie se nourrit essentiellement de restes d'animaux morts. Il est caractérisé par sa fourrure noire et l'odeur forte qu'il dégage lorsqu'il est stressé.

Comment le wombat se défend-il contre ses ennemis ?

En cas de danger, le wombat s'enfuit dans une cavité et bouche l'entrée avec son arrière-train. Comme, à cet endroit, il a une fourrure très épaisse et une peau coriace, l'ennemi ne peut rien lui faire. Si un adversaire le suit dans la grotte, le wombat peut l'écraser contre la paroi.

Les marsupiaux sont un groupe primitif de mammifères, chez qui les petits viennent au monde dans un état de développement très incomplet et achèvent leur croissance dans une poche, collés à une mamelle. La plupart des animaux d'Australie font partie des marsupiaux, comme les kangourous ou les koalas, ainsi que beaucoup d'animaux d'Amérique du Sud, comme le yapock. Les mammifères pondeurs sont encore plus primitifs : ils pondent et couvent les œufs, mais ils allaitent les petits.

Pourquoi la melomys n'est-elle pas appréciée en Australie ?

Cette espèce, l'une des rares vraies souris d'Australie, se nourrit d'herbes et de semences. Dans les zones de culture, elle a choisi la canne à sucre comme son mets de prédilection. Elle grimpe sur les hautes tiges et les ronge de l'extérieur. L'ennui n'est pas qu'elle les ronge, mais que des bactéries s'installent dans les endroits atteints, ce qui fait que la tige se brise.

Comment les dingos capturent-ils un kangourou géant ?

Les dingos sont des chasseurs très endurants. Quand ils ont rattrapé un kangourou, ils l'encerclent. Le mâle dominant attaque d'abord, mais il doit se protéger des griffes acérées du kangourou. Puis les autres dingos lui viennent en aide, car un dingo seul. Un dingo seul ne peut pas avoir le dessus sur un kangourou géant.

La couleur rousse des mâles du kangourou géant provient d'une poudre rouge qu'ils sécrètent à la gorge et à la poitrine et étalent sur leur fourrure.

À la période de reproduction, les mâles des otaries des Galapagos rassemblent plusieurs femelles autour d'eux et défendent cette partie de la côte avec véhémence contre les rivaux.

Quel est le phoque typique des îles Galapagos ?

C'est l'otarie des Galapagos, une sous-espèce plus petite de l'otarie californienne. Elle vit sur toutes les plages de sable de l'archipel. C'est particulièrement impressionnant pour les visiteurs des îles quand les otaries, curieuses, s'ébattent parmi les nageurs et les plongeurs.

Quel est le plus petit phoque à fourrure ?

Les otaries à fourrure des Galapagos mesurent au maximum 1,6 mètre de long et ne pèsent pas plus de 70 kilos. Leur fourrure épaisse est la raison pour laquelle elles habitent des côtes rocheuses. Quand le soleil brille très fort, ces otaries peuvent ainsi se retirer dans des fentes et des cavités et y trouver des températures plus clémentes.

À l'origine, y avait-il aussi des mammifères aux Galapagos ?

Les seuls mammifères qui n'ont pas été introduits par l'homme sont les rats du riz. Ils ont probablement été amenés sur les îles par des objets flottés venus d'Amérique Centrale.

Que fait la mangouste aux Comores ?

Les mangoustes ont été introduites aux Comores par les hommes, dans l'objectif d'exterminer les rats. Malheureusement elles déciment aussi la faune locale qui n'est pas accoutumée aux prédateurs étrangers et ne sait pas se défendre.

Pour s'assurer de la sûreté du lieu, la mangouste se dresse sur ses pattes arrière. Sa fourrure a ici des reflets dorés.

Quels sont les rongeurs typiques des îles des Indes occidentales ?

Ce sont les hutias. Sur les 30 espèces existantes, beaucoup sont aujourd'hui éteintes ou menacées, à cause des mangoustes et des animaux domestiques, comme les chiens, qui ont été introduits par l'homme. Cependant l'action de l'homme contribue également à leur disparition en détruisant leur habitat.

Que signifie le terme « endémique » ?

Endémique signifie qu'une espèce animale déterminée n'existe que sur un espace étroitement limité, comme une île par exemple.

Quel est le rongeur endémique en Crète ?

Une espèce endémique de souris épineuse vit en Crète, avec des épines sur le dos, sur terrains secs et pierreux dans la montagne ou dans la garrigue de buissons nains. Si elles ont une nourriture pleine de sève, elles n'ont pas besoin de boire.

Quel est le lapin qui porte une fourrure rayée ?

Les lapins de Sumatra sont les seuls léporidés à fourrure rayée. Ils habitent à l'ouest de l'île de Sumatra les forêts de la chaîne des Bukit Barisan de 600 jusqu'à 1 400 mètres d'altitude. Ces animaux nocturnes dorment pendant la journée dans des grottes ou des arbres. Ils se nourrissent des jeunes pousses et des feuilles de certaines plantes des forêts, mais ne mangent pas d'écorce.

Avec les otaries des Galapagos, les otaries à fourrure sont les seuls phoques de l'archipel. Chez elles, les mâles sont beaucoup plus gros que les femelles.

Milieu humain

Depuis que la Terre existe, les conditions se sont modifiées. Éruptions volcaniques, changements climatiques ou chutes de météorites ont provoqué de massifs changements. Mais les êtres vivants eux-mêmes transforment leur environnement, tels les castors par exemple. Pourtant, c'est surtout l'homme qui a transformé notre planète, créant des zones d'habitation artificielles qui, de nos jours, sont même largement composées de matériaux artificiels. Malgré tout, des espèces animales très adaptables les ont conquises. L'homme a aussi transformé de nombreuses espèces d'animaux et de plantes mais d'autres, moins appréciées au plan nutritif, ont été exterminées ou sont sur le point de l'être.

Un hérisson adulte possède environ 16 000 épines de 2 à 3 centimètres. À la naissance, les épines ne mesurent que 2 à 3 millimètres. Elles sont blanches et encore toutes douces.

Comment le hérisson dresse-t-il ses épines ?

Une couche de muscles recouvre son dos du hérisson comme une cuirasse. Quand le hérisson a peur, cette couche de muscle se rétracte. Il se transforme en une boule dans laquelle sont incluses sa tête, ses pattes et sa queue. En même temps, la peau de son dos se tend et les épines se redressent.

Pourquoi voit-on souvent des hérissons morts sur les routes ?

En cas de danger, le hérisson a l'habitude de s'enrouler pour former une boule armée d'épines. Cette tactique fonctionne très bien contre un renard, mais n'est d'aucune aide s'il s'agit d'une voiture.

Quelle musaraigne se rend utile dans la maison et le jardin ?

La musaraigne musette vit volontiers toute l'année dans les maisons, caves ou appentis. Là, ni les araignées, cloportes, blattes ou souris ne sont à l'abri face à elle. Dans le jardin, elle fait table rase des insectes nuisibles comme les taupins ou les larves de scarabées, et consomme aussi des escargots.

Quelle chauve-souris est la plus courante sous nos latitudes ?

C'est la pipistrelle commune, la plus petite espèce de chauve-souris d'Europe. En été, elle vit aussi dans les jardins et parcs. Elle fait souvent la chasse aux insectes attirés la nuit par la lumière des éclairages de rues. Le jour, elle dort dans des fentes derrière des écorces ou des volets de fenêtres, des coffrages des stores ou derrière les lambris des murs.

Les souris domestiques peuvent courir vite et grimper, tenir en équilibre sur une corde qui balance, monter et descendre le long de câbles lisses et escalader des murs. Les membres d'un clan familial se reconnaissent à l'odeur. Les variantes de couleur blanche sont surtout utilisées pour des expériences animales.

Quels mammifères occupent aussi les nichoirs des oiseaux ?

À partir de juin ou juillet, par manque de creux dans les arbres, les loirs occupent les nichoirs dans les jardins. Ils y dorment toute la journée pour chercher des fruits et des graines pendant la nuit. Les femelles mettent aussi leurs petits au monde dans des nichoirs. On reconnaît un nichoir occupé par un loir aux excréments qui se trouvent sur le toit.

Quelle est la différence entre le surmulot et le rat domestique ?

Le surmulot est nettement plus gros, plus fort, et a une queue plus courte que le rat domestique. Son museau est plus écrasé, ses oreilles sont plus petites. Le devant de ses incisives présente une coloration orangée.

Où le surmulot séjourne-t-il en colonie ?

Il a conquis les égouts, les caves ou les décharges urbaines. C'est un mammifère sauvage qui vit surtout en colonies. On estime que les canalisations urbaines abritent au moins un rat par habitant.

Toutes les souris dans une maison sont-elles des « souris domestiques » ?

En automne et en hiver, les mulots sylvestres et ceux à collier jaune s'installent eux aussi parfois confortablement dans le grenier. Ils peuvent se priver de leur nourriture végétale traditionnelle et manger insectes, vers de terre ou cadavres d'animaux. Ils sont ainsi plus polyvalents que le campagnol des champs.

Quelle est la souris la plus répandue ?

La souris domestique vient probablement des steppes et des zones semi-arides d'Afrique et d'Asie. Dès la préhistoire, elle s'est rapprochée de l'homme et s'est répandue dans le monde entier parce qu'elle est omnivore et qu'elle trouve partout un refuge approprié. En outre, elle se reproduit aussi bien dans les tunnels du métro que dans des entrepôts frigorifiques ou des dépôts de savon (qu'elle va même jusqu'à manger).

Les lapins des parcs sont-ils des lapins de garenne ?

Tous les lapins d'Europe centrale et occidentale sont les descendants d'animaux échappés au Moyen Âge des enclos ou garennes. Beaucoup des lapins vivant dans les parcs sont des lapins domestiques ensauvagés, qui s'adaptent très rapidement à une vie dans la nature.

À l'origine, les lapins sauvages sont issus de la péninsule ibérique. Leur chair tendre a incité les Romains à en faire l'élevage, et ils se sont largement répandus.

Quel rongeur est redouté par les automobilistes ?

C'est la fouine qui, depuis quelque temps, se régale des circuits électriques, des câbles de freins ou des joints en caoutchouc des voitures. Elle s'attaque aussi volontiers à l'isolation des maisons. On ne connaît pas la raison de ce comportement.

De quoi se nourrit la fouine ?

En dehors des souris et des rats, elle vit surtout de bêtes écrasées. Elle joue ainsi un rôle de police sanitaire. Mais elle fouille aussi dans les poubelles publiques, et apprécie les champignons, les fruits et les baies. Les fouines sont très opportunistes, ce qui est certainement l'une des raisons de leur réussite. Elles ne dédaignent pas non plus les jeunes oiseaux et les œufs, ainsi que d'autres jeunes vertébrés.

Grâce à leur corps élancé, les fouines peuvent se glisser à travers des fissures dans les murs ou des lucarnes sur les toits et s'installer ensuite un nid pour dormir dans le grenier. Elles font parfois un véritable tintamarre.

Dans sa patrie hindoue, l'entelle, ou houleman, est vénérée en tant que réincarnation du dieu-singe Hanouman.

De quoi vivent le blaireau et le renard en milieu urbain ?

Ils pillent les poubelles ou fouillent dans les tas du compost.

Quel animal porte aussi le nom de « toddy cat » ?

C'est une civette, une espèce de mangouste de l'Asie du Sud-Est. Le toddy est le jus d'un palmier avec lequel on fabrique du vin. La civette aime beaucoup ce jus. Elle a échangé la forêt contre le voisinage humain. En dehors des petits mammifères et des insectes, elle se nourrit essentiellement de fruits comme les ananas, les bananes ou les mangues.

Pourquoi rencontre-t-on si souvent des entelles dans les temples ?

Dans de larges parties de l'Inde, les entelles sont considérées comme saintes et sont vénérées comme descendantes de Hanouman, dieu gardien des propriétés. Ne pouvant pas être pourchassées et tuées, et étant nourries par les Indiens pieux, elles ne font pas partie des espèces menacées.

Où vivent les entelles ?

Plusieurs sous-espèces d'entelles habitent l'ensemble du continent subindien, du Népal jusqu'à la pointe sud de l'Inde et au Sri Lanka. Elles y ont occupé tous les habitats existants, comme des montagnes enneigées à 4 000 mètres d'altitude, des zones semi-arides, des forêts tropicales, ainsi que des villes et des villages.

Pourquoi des animaux sauvages vivent-ils en ville ?

Beaucoup d'animaux sauvages comme les renards, les blaireaux ou les ratons laveurs ont réussi à vivre dans la ville grâce à leur énorme capacité d'adaptation et au fait qu'ils sont omnivores.

Depuis quand y a-t-il des chevaux domestiques ?

Il y a environ 5 000 à 6 000 ans, les nomades des steppes eurasiatiques commencèrent à dresser et à domestiquer le cheval sauvage. Il leur servait de bête de somme ou de moyen de déplacement.

Quel est le nom des plus petits chevaux ?

Ce sont les falabellas, qui ont été élevés en Argentine près de Buenos-Aires. Ils sont issus du croisement de très petits poneys de Shetland avec de très petits pur-sang. Ils ne mesurent que 76 centimètres au garrot.

Qu'est-ce qu'un cheval de trait ?

On désigne ainsi les lourds chevaux de labour d'Europe. Ils ont une stature large et compacte et des pattes robustes, relativement courtes. Les chevaux de trait peuvent déployer beaucoup de puissance et sont employés pour tirer des engins et des véhicules lourds.

Quelle est la différence entre un mulet et un bardot ?

Tous deux ont le cheval et l'âne comme parents. Un mulet a un âne pour père et une jument de pour mère. Le bardot est issu du croisement d'une ânesse et d'un cheval. L'un et l'autre sont la plupart du temps stériles.

Les chevaux font partie des ongulés les plus rapides et les plus endurants. Ils marchent sur la pointe des sabots, qui sont protégés par des fers.

Le mulet est issu du croisement d'un âne et d'une jument. Il sert de bête de somme et de monture.

Pourquoi les chevaux montrent-ils leurs dents ?

Le cheval a un sens développé de l'odorat. Pour analyser plus finement une odeur, il l'enferme dans sa fosse nasale en inspirant profondément, retroussant la lèvre supérieure et cessant temporairement de respirer tout en relevant la tête. L'air passe de la bouche à l'organe de Jacobson, au fond de la cavité nasale, qui lui permet de vérifier si une femelle émet par son urine des phéromones, indication qu'elle est en chaleur. Les nerfs de cet organe sont en relation avec le centre de l'odorat et la partie du cerveau régissant le comportement sexuel.

Quelle est la particularité des rennes ?

Parmi les cervidés, ce sont les seuls animaux domestiques et les seuls chez qui les deux sexes portent une ramure. Contrairement aux autres, leurs bois ne sont pas symétriques (en miroir). Les Samis (anciens Lapons) gardent les rennes en semi-captivité.

Tous les cochons domestiques descendent-ils du sanglier ?

Le sanglier se présente dans différentes sous-espèces de l'Europe jusqu'à l'Asie. Toutes les races de cochons domestiques en sont issues. Une sélection ciblée a engendre des formes aussi grotesques que le cochon du Vietnam, au ventre pendant, les cochons laineux mangalitza, qui ressemblent à des moutons, ou des races colorée, tel le porc à ceinture noir et blanc.

Toutes les races de cochon domestique descendent du sanglier. Contrairement à la forme primitive, ils sont le plus souvent plus gros et moins agressifs.

Il y a des zébus en Asie depuis environ 6 500 ans. Ils supportent très bien des températures élevées.

De combien d'espèces sont issus les animaux domestiques ?

Sur les quelque 4 000 espèces de mammifères réparties dans le monde, 18 espèces utiles, vaches ou cochons, et 15 espèces d'animaux domestiques, cochons d'Inde, chats ou chiens, ont fait l'objet de l'élevage. Dans certains cas, les frontières entre animaux domestiques et animaux utiles sont floues.

Quels sont les plus anciens animaux domestiques ?

Ce sont les chiens, qui existent depuis que le loup a été domestiqué voici environ 15 000 ans. D'après des découvertes faites dans des sites préhistoriques en Asie du Sud-Ouest, sont venus ensuite les moutons et les chèvres, il y a environ 10 000 ans. Puis le cochon a suivi, la transition du sanglier au cochon ayant eu lieu il y a 9 000 à 9 500 ans. Il y a 8 500 ans environ que l'homme a réussi à domestiquer le bœuf sauvage.

Les différentes espèces de bœuf domestique viennent-elles d'une seule espèce primitive ?

On admet aujourd'hui qu'il y a quatre espèces primitives pour les bœufs domestiques. « Nos » races de bœufs, comme le zébu, remontent aux aurochs. Le banteng a été domestiqué sous la forme du bœuf de Bali, et le yack sauvage est l'ancêtre du yack domestique, plus petit. La variété domestique du gaur est le gayal.

Que signifie le nom du zébu ?

Le mot zébu vient du tibétain zeba, étymologiquement « bosse ». En effet, le garrot du zébu est rehaussé d'une importante bosse de muscles et de graisse. Très bien adapté aux températures élevées, il vit surtout dans les régions tropicales et subtropicales d'Asie et d'Afrique.

Les lamas paissent dans les Andes du Pérou juqu'en Argentine sur des prairies pouvant se situer à 4 000 mètres d'altitude.

Où vivent les yacks ?

Les yacks sauvages vivent essentiellement sur le plateau du Tibet. Leur fourrure épaisse les protège du froid jusqu'à 5 000 mètres d'altitude, et leurs larges sabots les empêchent de s'enfoncer dans le sol marécageux. Les yacks domestiques, bien plus petits, fournissent aux Tibétains de la laine, du lait et de la viande, et servent aussi de bêtes de somme et de montures.

Quels animaux domestiques descendent du guanaco ?

Dès l'époque précolombienne, les guanacos, petits camélidés d'Amérique du Sud, ont été domestiqués pour donner naissance au lama, une bête de somme résistante et endurante, et à l'alpaga, dont la laine est très prisée. Plus grande que l'alpaga, le lama a aussi de plus longues pattes.

Comment est le mouton des Landes de Lunebourg ?

C'est une ancienne race de moutons que l'on rencontre surtout dans cette région. Ils font partie des moutons lainiers, et la part de duvet est plus importante chez eux. Leur laine feutre beaucoup. Les mâles et les femelles de cette espèce portent des cornes.

Herbivores peu exigeants, les moutons paissent sur des prés en bord de mer. Le mouton d'Engadine se reconnaît à ses oreilles longues et pendantes.

Quelle est l'espèce originelle du mouton domestique ?

Toutes les races de moutons descendent du mouton sauvage oriental. Le mouflon, une sous-espèce, eut une grande influence. Les moutons domestiques sont partagés entre moutons à poils et à laine. Les moutons produisent de la viande, du lait, de la laine et du cuir. Peu exigeants, ils sont faciles à élever.

Le furet est une forme domestique du putois. Les Romains l'élevaient pour chasser les lapins. En Sardaigne et en Sicile, il vit à l'état sauvage.

De qui descend la chèvre domestique ?

L'ancêtre de toutes les chèvres qui vivent dans nos contrées est la chèvre à bézoard, c'est-à-dire la chèvre sauvage. Elle est répartie depuis la Grèce et quelques îles de la mer Égée, l'Asie mineure, l'Irak et l'Iran, jusqu'au Pakistan. Elle habite les régions montagneuses. Les races de chèvres domestiques d'Asie centrale descendent du markhor, espèce qui porte des cornes impressionnantes enroulées en spirales.

Quel animal produit de la laine angora ?

Cette laine provient de lapins, de chèvres et de chats. Les animaux angoras sont des races domestiques qui ont été élevées pour la longueur de leur poil. Le nom « angora » est dérivé de la ville turque d'Ankara.

Qu'y a-t-il de commun entre la zibeline, le vison, le raton laveur et le chinchilla ?

Ces quatre espèces portent une jolie fourrure que l'homme exploite déjà depuis très longtemps. Le chien viverrin, le renard roux et le renard blanc ou le ragondin en font également partie. Étant donné que chez beaucoup de ces espèces, les populations vivant en liberté connaissaient un recul dramatique à cause de leur exploitation – le chinchilla est quasiment exterminé –, la pratique de l'élevage s'est développée. Certaines espèces d'animaux se sont échappées et se sont à présent répandues dans la nature.

Pourquoi a-t-on domestiqué la civette ?

Par l'intermédiaire de glandes situées sur son arrière-train, la civette d'Afrique émet une matière odorante, le musc ou la civette. Sous une forme concentrée, cette odeur est désagréable, mais le musc dilué est une base très prisée pour les parfums chers.

D'où viennent les lapins de clapier ?

Les lapins de clapier descendent tous du lapin de garenne. Comme lui, ils ont des oreilles relativement courtes et tapent sur le sol avec leurs pattes arrière en cas de danger.

Les chèvres séjournent de préférence sur des versants de montagnes escarpés. Ces animaux sociables recherchent la proximité de leurs congénères.

Qu'est-ce qu'un furet ?

C'est le nom du putois domestiqué. Ils existent dans différentes variantes de couleurs : fauve (comme un putois), cannelle, siamoise ou blanche. Les furets blancs peuvent avoir les yeux foncés ou rouges. Dans ce dernier cas, ce sont des albinos. Les chasseurs se servaient des furets pour faire sortir les lapins de leurs terriers : cette méthode de chasse s'appelle le furetage.

Le grand münsterländer descend de chiens dressés au Moyen Âge pour la chasse au faucon. Il sert de chien d'arrêt, c'est-à-dire qu'il indique au chasseur qu'il a trouvé le gibier en levant la patte avant.

Quel est l'animal domestique dont il existe le plus de variantes ?

C'est le chien, avec plus de 400 races différentes. Tous descendent du loup, que ce soit le chihuahua, la race la plus petite, qui nous arrive juste à la cheville, ou le chien-loup irlandais, le plus grand avec 80 centimètres de hauteur au garrot. La nature du pelage varie considérablement, elle aussi. Il y a des chiens frisés comme le caniche, des chiens à poils longs et à poils courts ou des chiens nus, comme le chien nu mexicain, qui servait de bouillotte vivante.

Dans quel but a-t-on élevé des chiens ?

Selon le plus ancien traité connu sur les chiens, rédigé par le Grec Xénophon (vers 430 à 350 av. J.-C.), les premiers chiens servaient à chasser. Encore aujourd'hui, les chasseurs ne pourraient pas s'en passer. Les chiens de protection protègent le bétail contre les prédateurs, les chiens de troupeaux l'orientent dans la bonne direction. Les chiens de garde surveillent les habitations, les chiens de traîneaux tirent des charges. Les chiens de compagnie ou les chiens-guides tiennent compagnie aux humains depuis moins longtemps.

Quelles races de chiens sont adaptées au travail de police ?

Grâce à leur docilité, leur robustesse, leur caractère et leur constitution, ce sont les bergers allemands et les labradors retrievers. Les chiens ont une ouïe et un flair exceptionnels. Ils aident les policiers à rechercher des personnes disparues ou des coupables en fuite, ainsi que de la drogue, des explosifs, des cadavres et des armes.

Pour les domestiquer, l'homme a extrait les animaux sauvages de leur environnement naturel et les a pris sous sa garde. Il les a élevés pour des besoins concrets (nourriture, vêtements, travail) ou pour leur valeur idéale (plaisir, religion). Les animaux domestiques se distinguent des animaux sauvages par leur différence de stature, de couleur de fourrure et de comportement. En comparaison avec l'espèce originelle, le cerveau des animaux domestiques peut être 30 % plus petit.

Pourquoi les yeux des chats brillent-ils la nuit ?

Tous les chats possèdent sur leur rétine une couche réfléchissante, le tapetum lucidum, qui réfléchit la lumière et peut même capter la plus faible luminosité. Cette couche réfléchissante agit comme un amplificateur de lumière. Cela permet aux chats de voir six fois plus clair que les hommes au crépuscule.

Pourquoi les chats ne se font-ils pas mal quand ils tombent de haut ?

Quand ils font une chute d'une certaine hauteur, les chats atterrissent sans blessures sur leurs quatre pattes. C'est parce qu'ils arrivent à effectuer en l'air une habile manœuvre pour se retourner, leur queue servant de gouvernail. Ce mouvement est rendu possible par l'organe d'équilibre situé dans leur oreille interne. Les races de chats sans queue, comme le manx, se blesseraient grièvement dans une telle chute.

Pourquoi un chat persan nécessite-t-il autant de soins ?

De tous les chats domestiques, les chats persans sont ceux qui possèdent la plus longue fourrure et le sous-poil le plus épais. Le poil de couverture peut atteindre 12 à 15 centimètres de long. Un brossage quotidien empêche la fourrure de feutrer et de se nouer. Il élimine aussi les poils que le chat avalerait en faisant sa toilette. Chez les persans, cela peut entraîner une constipation, voire une occlusion intestinale.

Les chats persans sont des chats de race dont l'élevage doit respecter des normes déterminées. Ils doivent avoir une grosse tête ronde, avec un large crâne et une face arrondie. Ils ont un petit nez retroussé caractéristique, avec un creux marqué entre le front et le nez.

Après une gestation de 63 jours en moyenne, les chatons naissent aveugles et sourds. Ils ouvrent les yeux à la deuxième semaine et, à l'âge de trois semaines, ils commencent à explorer leur environnement. À partir d'un mois, ils peuvent absorber de la nourriture solide.

Tous les chats aiment les souris. Ils ont appris et perfectionné la capture des rongeurs en jouant avec leurs frères.

Comment fait le chat pour parvenir à retrouver le chemin de la maison ?

On entend parfois raconter qu'un chat a parcouru une très longue distance pour retrouver ses propriétaires. Jusqu'à une distance de 5 kilomètres, on suppose que, pour regagner la maison, les chats s'orientent essentiellement grâce à leur mémoire visuelle et aux bruits environnants (des bruits caractéristiques comme les cloches d'églises, bruits de la nature ou de certains animaux).

Pourquoi les chats jouent-ils souvent avec leur proie ?

Ce qui nous semble si cruel à nous, les humains, est pour le chat une pure nécessité. Quand il chasse, il est sous une tension extrême qu'il doit d'abord évacuer après la capture, sinon il ne peut pas manger. Il joue donc pendant un moment avec sa proie, en laissant par exemple la souris se sauver pour l'attraper de nouveau.

Comment se comporte un chat en chaleur ?

Une chatte adulte est en chaleur deux à trois fois par an. Elle parcourt alors la maison avec agitation, pousse des miaulements stridents pour appeler un mâle, elle cherche les caresses et se roule sur le sol. Le chat, quant à lui, marque son territoire avec des jets d'urine très odorants.

Les mignons cochons d'Inde sont particulièrement appréciés comme animaux de compagnie par les enfants car ils deviennent très confiants, ils se laissent facilement caresser et nourrir avec la main, et ils ne mordent pas.

À côté du type fauve, il existe chez le hamster doré plusieurs variantes de couleur et de fourrure : le hamster russe peut être beige et blanc avec les oreilles foncées, le hamster teddy a un poil long qui ressemble à de la peluche.

Qu'est-ce qu'un « cochon d'Inde » ?

Ce sont les cobayes communs. Les premiers sont venus en Europe avec les Espagnols en 1540, après la découverte de l'Amérique du Sud par Christophe Colomb. Comme on pensait encore à l'époque que c'était l'Inde qu'il avait découverte, on leur a donné ce nom. Vers 1670, les cochons d'Inde suivants ont été ramenés d'Amérique du Sud par des commerçants hollandais pour leurs enfants.

Quelles sont les races de lapins domestiques ?

Grâce à l'élevage ciblé, il existe actuellement plus de 100 races de lapins domestiques. Ils se différencient par la couleur et le motif de leur fourrure. Toutes les couleurs existent chez les formes normales et naines de lapins. Les lapins blancs portent le nom de lapins chinchillas. Ceux-ci peuvent avoir les yeux bleus ou rouges (albinos). Tous les lapins qui ont les oreilles tombantes sont appelés des béliers. Les premiers lapins béliers sont apparus en 1952.

Qu'est-ce qu'un dègue ?

On l'appelle aussi octodon. Sociables, ce sont des animaux diurnes que l'on trouve au centre du Chili, dans les Andes, jusqu'à 3 000 mètres d'altitude. Habitués à un mode de vie souterrain, ils ont besoin de possibilités de se cacher quand ils sont en cage.

Pourquoi les hamsters sont-ils moins adaptés comme animaux de compagnie ?

Les hamsters, comme le hamster doré par exemple, sont actifs au crépuscule et pendant la nuit, ils dorment le jour. Si l'on n'a pas de temps pour lui pendant la journée, mais seulement le soir, un hamster doré est exactement ce qu'il faut. C'est en effet à ce moment-là qu'il est plein d'entrain et développe tout son tempérament.

Au milieu du XIXe siècle, la souris domestique est arrivée du Japon en Europe comme souris de laboratoire. Elle laisse parfois sa vie dans des millions d'expériences de médecine et de recherche.

Où se procure-t-on des animaux de compagnie ?

Chez un éleveur, ou dans une animalerie. Les vétérinaires servent aussi d'intermédiaires pour des chatons ou des chiots que leurs propriétaires sont prêts à donner.

Comment le chinchilla est-il arrivé en Europe ?

Les premières fourrures de chinchillas sont arrivées en Europe après la conquête de l'Amérique du Sud. Il faut au moins 100 peaux pour fabriquer un manteau. Grâce aux familles aisées, cette, chasse était jadis rentable. Les animaux vivant en liberté ont été tellement décimés qu'on a pratiqué l'élevage en fermes. Aujourd'hui les chinchillas sont de plus en plus appréciés aussi comme animaux de compagnie.

Qu'est-ce qu'un animal de laboratoire ?

Les formes albinos de souris et de rats sont utilisées en laboratoire pour la recherche médicale et biologique. La couleur blanche des souris et des rats est due à une absence de pigmentation génétique. Comparés aux autres, les rats blancs sont beaucoup moins agressifs et plus faciles à élever.

Le grand panda est le symbole de WWF, une organisation internationale de protection de l'environnement. Grâce à son motif noir et blanc et à son air sympathique, il est aimé par la population et il convient donc très bien comme emblème de la protection de l'environnement.

Quel animal est le symbole d'une grande organisation de protection de l'environnement ?

Le grand panda, symbole du WWF (World Wide Fund for Nature), qui vivait autrefois dans toute la Chine. Aujourd'hui, il n'y a plus que quelques animaux dans trois provinces chinoises à l'est du plateau tibétain. Son air sympathique a fait de lui le symbole des espèces menacées.

Comment peut-on sauver le grand panda ?

Dans la nature, il ne reste probablement plus qu'environ 1 000 pandas. Le danger provient de la transformation des forêts de bambous en surfaces cultivées. Le panda se nourrit presque exclusivement de bambous. En Chine, il est protégé, mais c'est seulement si la destruction de l'environnement est stoppée que le panda pourra être sauvé.

Par quoi le lynx pardelle est-il menacé ?

Le lynx pardelle vit sur la péninsule Ibérique. Il se rencontre plus souvent là où il y a des lapins sauvages. Depuis quelque temps, des projets de reboisement sont en cours en Espagne, ce qui repousse les lapins, qui ne peuvent pas vivre dans la forêt. Le lynx pardelle se trouve ainsi privé de nourriture et il est extrêmement menacé. Il en existe moins de 100 dans la nature.

Sa longue fourrure soyeuse avec de grandes taches foncées sur fond clair fait du léopard des neiges, ou irbis, l'un des plus beaux félins du monde.

Qu'est-ce qui a été fatal au léopard des neiges ?

Comme beaucoup de félins, il a été intensément chassé pour sa jolie fourrure épaisse. Bien que la chasse ait été interdite entre-temps et que l'espèce soit sévèrement protégée depuis la convention de Washington, la contrebande de fourrures est florissante parce que très lucrative. Il ne reste plus qu'une centaine de ces léopards dans la nature.

Quel cerf ne vit plus que dans des zoos ou dans des réserves ?

Quand le cerf du père David a été connu en Europe, il n'y avait presque plus de bêtes vivant en liberté dans sa patrie chinoise. Deux cents de ces cerfs majestueux vivaient dans un parc, et quelques-uns sont arrivés dans des zoos européens. Par chance, car une inondation a noyé une grande partie du troupeau restant, et les survivants sont morts pendant une révolte. L'espèce qui vivait en liberté est donc éteinte. Étant donné que les cerfs se sont bien reproduits dans les zoos, il y a actuellement en Chine des projets de réimplantation en milieu naturel.

Combien reste-t-il de rhinocéros de Java ?

Leur population compte encore près de 60 bêtes concentrées sur un petit territoire à l'ouest de l'île de Java. Ces habitants des forêts ont la particularité de porter une cuirasse de plaques dans la zone des épaules et une seule corne.

Le rhinocéros de Java et le rhinocéros de Sumatra font partie des rhinocéros des forêts. Ils habitent les forêts tropicales de l'Asie du Sud-Est. Aujourd'hui, le rhinocéros de Java ne se rencontre plus qu'à Java.

Pourquoi le goral a-t-il été chassé ?

Il possède une fourrure épaisse et chaude qui le protège du froid dans sa patrie. En outre, sa chair est très savoureuse et, dans la médecine traditionnelle de l'est de l'Asie, le cœur, les cornes et les embryons de ce parent du chamois jouent un rôle important. Pour cela, la chasse au goral prit une telle ampleur que les 3/4 de la population étaient exterminés quand il fut placé sous protection en 1924. Aujourd'hui, il existe encore près de 600 bêtes.

Quelle espèce de cochon fait partie des douze espèces les plus menacées dans le monde ?

Le sanglier nain était largement répandu du sud-ouest du Népal jusqu'au nord-est de l'Inde (Assam), où il y avait de l'herbe à éléphants. Aujourd'hui, il n'en subsiste qu'une seule population en sécurité dans un parc national de l'Assam. Cette diminution dramatique a pour raisons la surconsommation de l'herbe à éléphants, la mise en culture des terres et la chasse, car ces animaux ont une chair savoureuse.

Quel singe du Nouveau Continent est le plus menacé ?

Il reste tout au plus 1 000 singes araignées au sud-est du Brésil. La destruction des forêts de montagnes, habitat de l'espèce, a conduit le singe araignée au bord de l'extermination. Seuls des programmes rapides de protection peuvent encore sauver l'espèce.

D'apparence, le goral ressemble à une chèvre domestique. Les coussins de corne élastique sur le dessous des sabots lui assurent un bon appui dans les rochers où il se retire pour échapper à l'ennemi.

Le macaque à queue de lion, ou ouandérou, porte une magnifique barbe claire qui entoure sa tête foncée. L'espèce a été chassée pour sa chair délicieuse.

Les gorilles des montagnes sont des herbivores paisibles qui ne se rencontrent plus que dans trois régions étroitement limitées de l'Ouganda, du Rwanda et du Zaïre.

Pourquoi le macaque à queue de lion est-il inscrit dans la convention de Washington sur la protection des espèces ?

La destruction de son habitat dans les forêts de montagnes du sud-ouest de l'Inde, ainsi que la chasse pratiquée pour sa belle fourrure ont mis cette famille de singes en danger. On ne recense plus qu'une centaine de macaques aujoud'hui. En outre, les habitants apprécient beaucoup sa chair.

Quel primate anthropoïde fait partie des espèces les plus menacées du monde ?

Le gorille des montagnes est menacé par la chasse, le braconnage, la destruction de son habitat et les visites de nombreux touristes. Les étrangers introduisent des maladies auxquelles son système immunitaire ne peut résister. Seules 200 à 300 bêtes vivraient encore aujourd'hui, retirées dans de petites zones.

Qu'entend-on par « liste rouge » ?

C'est une liste officielle des espèces menacées d'animaux et de plantes qui doivent être protégées dans un pays. L'inventaire systématique sert de base pour les décrets et les lois sur la protection de la nature. Ce type de listes est actualisé à intervalles réguliers.

Qu'est-ce que la convention de Washington ?

C'est une convention internationale signée en 1973 par de nombreux États pour limiter le commerce d'espèces d'animaux et de plantes menacées d'extinction ainsi que des produits qui en sont issus. Ces espèces sont classées dans des annexes selon le degré de la gravité du risque. Celles de l'annexe I sont directement menacées de disparation, celles de l'annexe II sont potentiellement menacées, et celles de l'annexe III sont protégées dans leur pays d'origine.

Quel est l'animal symbole de l'Australie ?

Les koalas, des marsupiaux, se rencontraient autrefois dans de vastes parties de l'Australie. Les incendies de forêts, les épidémies et l'abattage les ont si décimés que les koalas ne vivent plus aujourd'hui qu'à l'est du continent. Ils sont protégés depuis 1930.

Crédits photographiques : MEV (30), Miles Kelly Art Library (32), OKAPIA (113)